AF459046

BIBLIOTHÈQUE DES ÉCOLES CHRÉTIENNES

L'ŒUVRE

DE

SAINT VINCENT DE PAUL

OU

TRÉSORS DE LA CHARITÉ CHRÉTIENNE

PAR CHARLES MALO

AUTEUR DE LA CROIX D'OR, DE LA VALLÉE DES LIS, ETC.

OUVRAGE DÉDIÉ A L'ENFANCE CHRÉTIENNE

TOURS

Ad MAME ET Cie, IMPRIMEURS-LIBRAIRES

1847

BIBLIOTHÈQUE

DES

ÉCOLES CHRÉTIENNES

APPROUVÉE

PAR Mgr L'ÉVÊQUE DE NEVERS.

P. 31

Martel del.

Bouilly sc.

Saint Vincent parmi les Forçats.

SAINT VINCENT DE PAUL

ÉDITEURS

1847

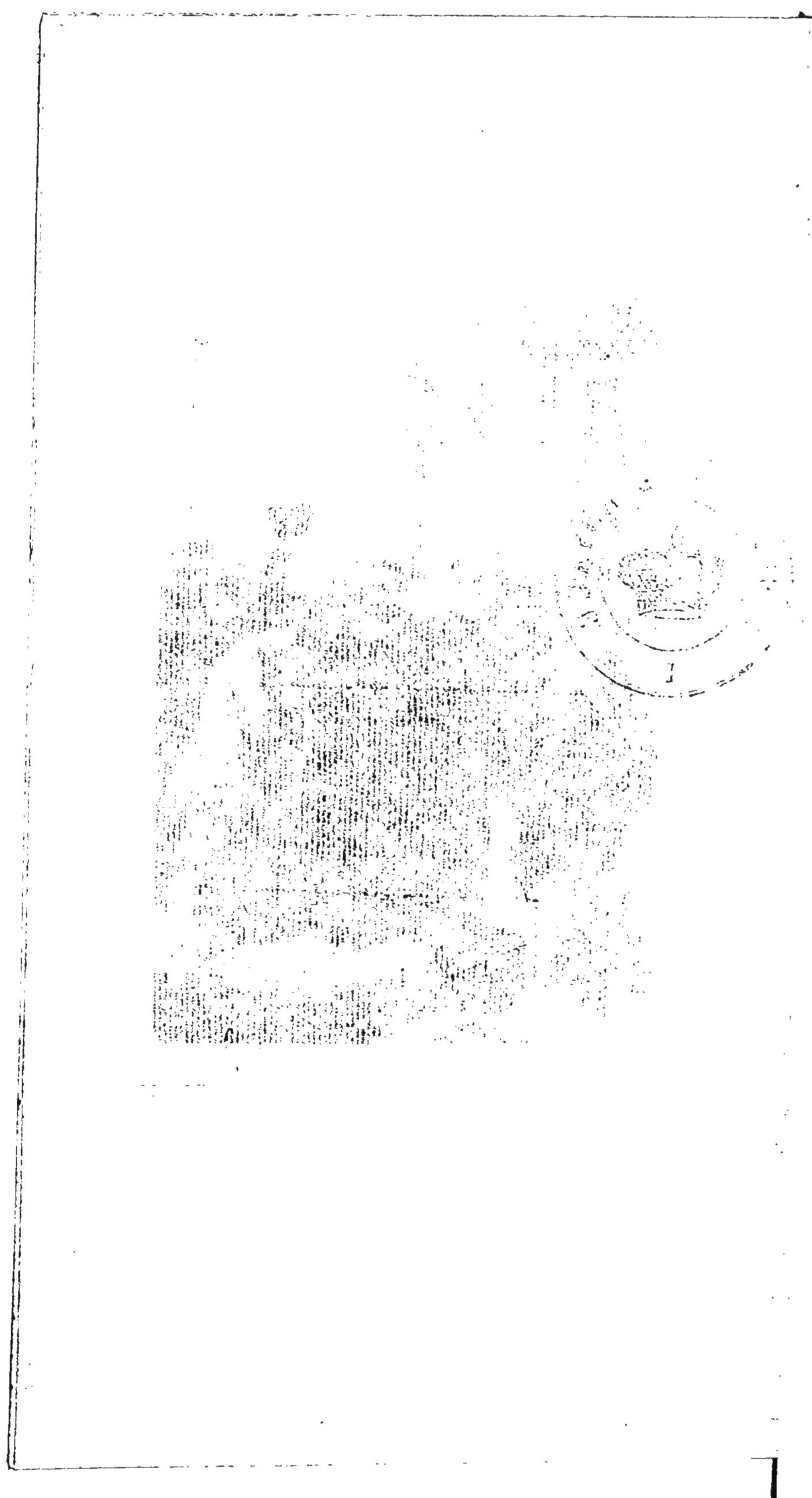

l'Œuvre

DE

SAINT VINCENT DE PAUL

OU

Trésors de la Charité Chrétienne

Saint Vincent s'échappant des Prisons de Tunis.

Tours

Ad. Mame & Cie

EDITEURS

1847

L'ŒUVRE

DE

SAINT VINCENT DE PAUL

OU

TRÉSORS DE LA CHARITÉ CHRÉTIENNE

PAR CHARLES MALO

AUTEUR DE LA CROIX D'OR, DE LA VALLÉE DES LIS, ETC.

OUVRAGE DÉDIÉ A L'ENFANCE CHRÉTIENNE

Que votre charité ne se lasse jamais! donnez, donnez toujours, tant que le pauvre vous demande.

VINCENT DE PAUL.

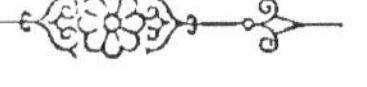

TOURS

Ad MAME ET Cie, IMPRIMEURS-LIBRAIRES

1847

Filles respectables, ô mes sœurs! mes vénérables sœurs! prêtres augustes de la charité! recevez en ce jour le tribut de reconnaissance que vous doit l'humanité. Il vous est bien permis d'être humbles et modestes, autant qu'utiles et généreuses : nous l'est-il, à nous, d'être ingrats? nous l'est-il d'oublier l'immolation perpétuelle de votre liberté, de votre repos, de votre vie même, et de ravir ainsi à la piété, la plus touchante instruction, comme à Vincent de Paul, sa plus belle couronne?

(M. L'ABBÉ DE BOULOGNE.)

PETITE

DÉDICACE A L'ENFANCE.

Jeunes Enfants,

C'est à vous, à vous surtout que je me plais à dédier ce livre. Votre âme a besoin de s'ouvrir de si bonne heure à des impressions douces et pures! je la veux émouvoir par le touchant récit des précieux bienfaits que la charité sait répandre sur l'humanité souffrante. Il vous suffira de ces quelques pages de la vie de Vincent de

Paul pour vous sentir saisis d'admiration et pénétrés de reconnaissance.

Que vous soyez les enfants de riches ou de pauvres, peu importe; vous aurez compris tout ce que peut l'amour du prochain, même chez l'être le plus faible; vous aurez connu jusqu'au prix des choses les plus minimes offertes au nom du Seigneur; ne fût-ce qu'un morceau de pain à celui qui a faim, un verre d'eau à celui qui a soif; et votre cœur cèdera bien vite à l'attrait irrésistible de la bienfaisance, après en avoir reçu de si admirables leçons.

Quelle mission en effet plus sublime que celle de Vincent, humble prêtre, pauvre, obscur, sans naissance, s'élevant, grandissant toujours sous la main de Dieu, pour devenir enfin comme la providence de l'humanité, et verser, sans jamais pourtant en posséder, mille trésors d'aumône sur la France!

Vincent de Paul! quel nom d'ici-bas fut plus béni et sera plus vénéré de tous les siècles? n'est-il pas la personnification la plus parfaite de la piété douce, patiente, active et charitable: celle de toutes les vertus, de toutes les abnégations, de tous les sacrifices; celle d'une humilité et d'une mansuétude ineffables?

Qui fut tout à la fois le père des pauvres, des malades, des prisonniers, des orphelins, de quiconque souffrait du froid, de la faim, de la misère? Vincent de Paul. Qui, le missionnaire des campagnes, l'oracle des pontifes, le législateur du clergé, le protecteur des églises? Toujours Vincent de Paul. Sa bienfaisance s'épanchait, comme un baume délicieux, sur chaque douleur de l'âme, sur chaque souffrance du corps, sur chaque angoisse de la vie; sa charité s'étendait, immense, intarissable, sur toutes les plaies de l'humanité.

Ah! mes enfants, si vous lisez ces modestes pages, que vous l'aimerez Vincent de Paul! que vous l'admirerez! que vous bénirez le doux nom de ce héros de la charité chrétienne!

Vous l'aimerez, lui qui ramassait les pauvres petits enfants dans la neige, les sauvait de la mort et de l'abandon, leur faisait le catéchisme; lui qui, se survivant depuis deux cents ans dans l'esprit de son œuvre, est venu, récemment encore, inspirer, à d'autres âmes charitables, ces *crèches* où sont recueillis, dès leur berceau, les enfants des pauvres, ces *salles d'asiles* où sont protégés leurs premiers ans.

Vous l'admirerez en le voyant visiter tous les réduits de l'indigence, de l'opprobre, de l'infortune : les hôpitaux, les bagnes; arroser de ses larmes jusqu'aux chaînes des prisonniers, et, plus que septuagénaire, parcourir les campagnes, l'hiver, par des temps et des chemins affreux, quand ses faibles jambes pouvaient à peine le soutenir. Combien de fois ne le trouva-t-on pas gisant misérablement à terre, au bord d'un fossé, sans pouvoir se relever; et il ne se plaignait pas, il n'invoquait aucun secours, aucun aide, résigné qu'il était à mourir ainsi pour le salut des malheureux qu'il appelait ses seigneurs et maîtres!

Vous bénirez enfin son nom entre les plus saints, quand vous saurez que, si pieusement prodigue de bienfaits et d'aumônes pour tous, il se privait du plus strict nécessaire, souvent même de nourriture pour ses pauvres, et que cet humble prêtre, des mains duquel sortaient des largesses plus que royales, avait pour tout ameublement une chambre sans cheminée, une paillasse en guise de matelas, deux chaises de paille, un crucifix de bois.

Et si ce n'est point encore assez, pour vos

cœurs, de tant d'objets de respect et d'admiration, la vie des pieuses filles de Vincent pourra vous offrir, à son tour, une mine intarissable de beautés évangéliques; enfin même vous apprendrez par ce livre, avec un dernier sentiment de gratitude pour le siècle où vous vivez, que l'œuvre sublime de Vincent de Paul, se perpétuant jusqu'à nos jours, est devenue la source première, la semence inspiratrice et féconde, de toutes les œuvres de bienfaisance et de charité qui s'accomplissent sous vos yeux.

L'ŒUVRE

DE

SAINT VINCENT DE PAUL.

CHAPITRE PREMIER.

VINCENT DE PAUL.

BEAUTÉS DE SA VIE ÉVANGÉLIQUE ET MERVEILLES DE SES ŒUVRES CHARITABLES.

Un humble coin des landes de Bordeaux vit naître cet homme admirable qui devait devenir un jour l'humble et inépuisable providence du pauvre, mettre si constamment en pratique durant toute sa vie les exemples et les paroles de Notre-Seigneur, rendre en un mot les plus signalés services à son siècle, à l'humanité, comme à l'Église son ancienne splendeur.

Vincent de Paul naquit le 24 avril 1576, au village de Pouy, dans cette partie de la France qu'on nomme de nos jours le département des Landes. Jean de Paul, son père, et Bertrande de Mauras, sa mère, étaient de pauvres et honnêtes habitants de la campagne, qui élevaient avec bien de la peine leurs six enfants; mais s'ils cultivaient péniblement le petit héritage qui faisait toute leur fortune, ils vivaient avec simplicité dans la crainte du Seigneur, et possédaient en revanche un trésor qui vaut mieux que toutes les richesses du monde : l'amour de Dieu et celui du travail.

PREMIERS TRAITS DE L'ENFANCE DE VINCENT DE PAUL.

Comme il fallait, dans une si nombreuse famille, que chaque enfant se rendît utile selon son âge et ses forces, Vincent, quoique très-jeune encore, était chargé de mener paître les troupeaux de son père; et, bien loin de rougir plus tard d'une condition si humble, ce fut, aux époques les plus mémorables de sa vie, comme une joie pour lui de se rappeler et de rappeler aux autres qu'il n'était que le fils d'un simple paysan.

Dès ces premières années, se manifesta chez Vincent cette sainte et double vocation de piété et de charité qui font, à si juste titre, bénir son nom depuis deux siècles.

Il existait aux environs de son village une vieille chapelle dédiée à la sainte Vierge. C'est là que venait Vincent, tout jeune enfant, pour ouvrir son cœur aux divines impressions qui devaient y rester gravées. Au soleil couchant, dès qu'une fois ses troupeaux étaient rentrés au bercail, le pauvre petit berger venait pieusement s'agenouiller et prier devant l'image de Notre-Dame de Buglosse.

Voici maintenant les traits de charité bien touchants qui se rattachent à cette époque de son enfance : Vincent allait tous les samedis chercher au moulin la farine nécessaire pour les besoins de la semaine, et il lui arrivait souvent de rencontrer sur son chemin de malheureux paysans que les guerres du temps avaient plongés dans la détresse, et qui imploraient sa charité. Or c'était pour le petit Vincent un besoin irrésistible que de donner son pain ou son argent aux pauvres ; ses économies se trouvaient-elles épuisées, alors il ouvrait le sac qu'il avait chargé sur ses épaules et leur donnait de la farine à pleines mains, en accompagnant cette aumône des plus douces et compatissantes paroles.

Sans doute il n'existait déjà pour ce charmant et candide enfant, qui devait être proclamé plus tard l'homme de l'aumône et des consolations, aucun bonheur comparable à celui de secourir ainsi les malheureux, puisque, loin de songer le moins du monde que de pareilles libéralités de sa part devenaient préjudiciables aux besoins de sa famille, il allait toujours, après les avoir faites, se jeter au pied de l'autel pour remercier Dieu de lui avoir offert l'occasion d'être charitable, si petit, si pauvre qu'il fût.

Un jour, entre autres, il avait amassé jusqu'à trente sous; et ce petit trésor, fruit de bien longues économies, il le destinait à satisfaire quelques-uns de ces petits caprices si naturels à l'enfance, quand soudain il fait rencontre d'un pauvre mendiant dont la misère lui arrache des larmes, et son précieux trésor s'est bien vite transformé en aumône.

Aux qualités du cœur Vincent joignait tous les dons de l'esprit. Son père, comprenant qu'un cœur si pieux, une intelligence si élevée était appelée à quelque chose de mieux qu'aux rustiques travaux de la campagne, résolut, pour mettre à profit ses excellentes dispositions, de le faire instruire, bien que cela le gênât infiniment. Mais que ne peut l'amour d'un bon père pour un bon fils ?

Jean de Paul le plaça donc à l'âge de douze ans chez les révérends Pères Cordeliers à Dax. Ceux-ci furent édifiés de l'ardeur avec laquelle cet enfant se livrait au travail ; mais ils admiraient plus encore sa piété et la pureté de ses mœurs.

En l'espace de quatre ans, Vincent avait fait tant de progrès, qu'il devint bientôt capable d'instruire les autres ; c'est ainsi qu'il poursuivait ses études, sans demeurer à la charge de sa famille.

Ce qu'on remarquait en lui, c'étaient moins la science et le talent qu'une extrême douceur, une grande humilité, une piété solide, vertus sans lesquelles le génie ne mérite aucune estime. La vocation ecclésiastique ainsi bien déclarée chez lui, cinq ans plus tard, c'est-à-dire le 29 décembre 1598, Vincent reçut avec joie les ordres sacrés; et dès lors commença pour lui ce saint ministère que d'immenses bienfaits devaient glorifier un jour.

ESCLAVAGE DE VINCENT DE PAUL.

A peu près à cette époque, Vincent perdit son père; il abandonna sa part de fortune à sa mère, à ses frères, à ses sœurs; il n'avait plus, quant à lui, besoin de rien, puisqu'il appartenait désormais à Dieu. Peu de temps après, Vincent fit un voyage, lequel faillit changer toute sa destinée. Obligé de se rendre à Marseille pour un pieux motif, il voulut revenir par mer à Narbonne, mais la Méditerranée était alors infestée de pirates; ces brigands, qui venaient des côtes d'Afrique, attaquèrent le bâtiment où se trouvait Vincent, s'en emparèrent et firent prisonniers tous ceux qui étaient à bord.

Qu'on se figure Vincent de Paul et ses infortunés compagnons traînés en vente sur le marché de Tunis, au milieu des rires et des outrages de tous ces barbares qui les entourent ! Vincent visité lui-même pour l'achat comme un cheval ou un bœuf, à qui l'on fait ouvrir la bouche pour voir ses dents, que l'on sonde dans les flancs pour s'assurer qu'ils sont fermes, qu'on fait marcher, courir, lutter, pour juger de sa force ! quelle humiliation, et bientôt aussi quel triste sort que le sien !

Un pêcheur l'avait d'abord acheté ; mais ce pêcheur, ne tardant pas à s'apercevoir que l'air de la mer était funeste à son esclave, le revendit presque immédiatement à un vieux chimiste qui cherchait depuis cinquante ans la pierre philosophale. Ainsi contraint naguère de passer sa vie sur l'eau, voilà Vincent de Paul obligé désormais d'entretenir nuit et jour le feu de dix à douze fourneaux. Étrange vicissitude !

Cent fois, il est vrai, ce vieillard lui offre de partager avec lui ses secrets et sa fortune, s'il veut renoncer à l'Évangile pour embrasser la foi du Coran ; mais Dieu avait inspiré à Vincent, avec une foi sincère, la ferme conviction que sa captivité serait bientôt brisée.

Il y avait près d'un an déjà qu'il languissait ainsi

dans l'esclavage à Tunis, quand son maître vint à mourir ; et le malheur voulut qu'il tombât cette fois entre les mains d'un renégat originaire de Nice, qui vivait retiré dans les montagnes et non loin des déserts. Or, si le musulman n'aime pas les chrétiens, l'apostat les abhorre.

Relégué en une pareille solitude, Vincent de Paul avait dû perdre jusqu'à l'espoir de recouvrer jamais sa liberté. Mais non, il ne se décourage pas ; car il espère toujours en Dieu, et il se met à prêcher l'Évangile à des barbares qui ignorent jusqu'au nom de Jésus-Christ.

Le renégat avait trois femmes : deux grecques schismatiques et la troisième turque. Eh bien ! ce fut précisément cette dernière qui servit d'instrument à la miséricorde divine pour tirer le malheureux renégat de l'apostasie. Cette femme pressentit dans la pieuse résignation, dans le fonds inaltérable de paix et de douceur de son esclave, qu'elle admirait, quelque chose d'extraordinaire et de surnaturel. Elle fit donc à Vincent mille questions sur la loi des chrétiens, sur leurs usages, sur leurs cérémonies. Un jour elle lui commanda même de chanter les louanges du Seigneur ; le saint prêtre obéit, et la mahométane fut alors frappée de la grandeur de la religion chrétienne.

Cette femme s'en retourne chez elle, enthousiasmée de ce qu'elle vient d'entendre ; elle raconte à son mari l'entretien qu'elle a eu avec Vincent de Paul, et finit par lui déclarer qu'elle le regarde comme bien coupable d'avoir abandonné sa religion. « Peut-on jamais renier le Dieu des chrétiens ! » ajoute cette femme avec un élan sublime.

Le renégat, confus, garde le silence ; mais dès le lendemain il ouvre à Vincent son âme repentante, et l'assure qu'il saisira la première occasion de fuir avec lui la terre des infidèles.... Dix grands mois s'écoulèrent dans cette attente ; mais enfin les décrets de la Providence s'accomplirent.

DÉLIVRANCE DE VINCENT. — CURE DE CLICHY.

Un jour le maître et l'esclave s'embarquent sur un petit esquif. L'entreprise était doublement périlleuse : il ne fallait qu'un coup de vent pour faire chavirer la nacelle ; d'un autre côté, s'ils eus-

1.

sent été découverts, ils ne pouvaient éviter l'infâme supplice que l'Alcoran inflige à ceux qui le renient ou le font abandonner. Aucun danger n'arrête nos voyageurs; ils ont mis leur sort entre les mains de Dieu; leur espoir ne sera pas trompé.

Le 28 juin 1606, ils arrivèrent à Aigues-Mortes; de là ils se rendirent à Avignon, où le pauvre renégat fut, la larme à l'œil et les sanglots au cœur, réconcilié publiquement dans l'église de Saint-Pierre par le vice-légat du pape.

C'est ainsi que Dieu délivra Vincent de la cruelle épreuve à laquelle il lui avait plu de le soumettre; ainsi que les tristes exemples de barbarie et de superstition qu'il avait sous les yeux ne firent que fortifier chez ce saint prêtre sa foi déjà si ferme, et sa résignation et sa confiance en Dieu; dès ce moment aussi surgirent dans son âme le désir comme l'espoir de soulager un jour le sort des chrétiens dont il avait partagé l'esclavage.

Le vice-légat d'Avignon, Pierre Montoris, ayant bientôt fait choix de Vincent pour l'accompagner à Rome, celui-ci mit à profit le temps de son séjour dans la capitale du monde chrétien, pour s'y livrer aux plus hautes études religieuses. Là, il fit connaissance du cardinal d'Ossaz, alors ambassadeur de la cour de France à Rome, qui lui confia, vers la fin de l'année 1608, une mission fort délicate auprès d'Henri IV. Il dut à cette circonstance l'honneur de paraître devant le roi et d'être nommé deux ans plus tard aumônier de Marguerite de Valois.

Mais l'air de la cour convenait fort mal aux pensées d'avenir comme aux habitudes modestes de l'humble prêtre ; en effet, pour mieux vivre obscur, Vincent ne tarda pas d'abord à remplacer son nom de famille par son nom de baptême, puis à remplir les devoirs de la piété chrétienne en visitant les malades de l'hôpital de la Charité, en leur faisant des exhortations touchantes, en les servant comme des frères. Enfin, comme il voulait jouir d'une retraite spirituelle plus profonde, et mieux méditer dans la solitude les secrets desseins que Dieu pouvait avoir sur lui, il se plaça sous la direction du respectable M. de Bérulle, supérieur des Oratoriens; il avait pressenti que le commerce d'un homme doué de vertus si éminentes ne pouvait que lui être infiniment précieux ; aussi bientôt la charité forma entre ces deux vénérables prêtres des nœuds étroits qui ne furent jamais rompus.

C'est alors que M. de Bérulle, reconnaissant par certaines confidences de fondations pieuses que méditait Vincent, que ce saint homme était appelé à de grandes choses, le chargea de la cure de Clichy.

Or cette modeste cure va devenir pour Vincent le premier et ardent foyer de cette charité admirable qui, se développant toujours, devra s'étendre plus tard intarissable, immense, sur toutes les plaies de l'humanité.

On sait ce que c'est que la vie d'un modeste curé de campagne, que ces secrètes fonctions d'un homme qui renonce à tout pour se mettre jour et nuit à la disposition des autres hommes, attirer par ses prières continuelles les grâces du Seigneur sur le troupeau qui lui est confié, visiter les malades, réconcilier les ennemis, partager son pain avec ceux qui en manquent, attirer en un mot les bénédictions du Ciel sur les chaumières et sur les âmes qui les habitent.

On peut se figurer alors avec quel dévouement,

quel amour Vincent se mit à l'œuvre, il sut bien prouver combien il était propre à ce pieux ministère. Les prônes, les catéchismes étaient son occupation ordinaire ; on le voyait visiter sans cesse les malades, consoler les affligés, soulager les pauvres, fortifier les faibles, entretenir la paix dans les familles. Une conduite si noble lui concilia tous les cœurs. Les bonnes gens l'aimaient comme leur père, les curés du voisinage eux-mêmes venaient apprendre de lui la manière de bien remplir leurs fonctions.

Mais, hélas ! Vincent de Paul ne devait pas tarder à délaisser, malgré lui, le pauvre troupeau dont il se faisait ainsi bénir et vénérer.

MADAME DE GONDI.

Françoise-Marguerite de Silly, femme d'Emmanuel de Gondi, général des galères de France, était une des dames les plus distinguées et les plus pieuses de son siècle. Honorer Dieu et le faire honorer par tous ceux du soin desquels la Providence l'avait chargée, telle était l'étude de sa vie.

Comme rien n'intéresse plus vivement une mère que l'éducation de ses enfants, Mme de Gondi pria M. de Bérulle de lui procurer un homme vertueux qui pût former ses enfants à la piété, à la science. M. de Bérulle jeta tout naturellement les yeux sur Vincent de Paul. Le saint, qui ne savait qu'obéir, dut se soumettre au désir de son directeur, et immoler pour lui ce penchant irrésistible qu'il avait pour les pauvres, et sa répugnance insurmontable pour le commerce du monde.

Mais Mme de Gondi était une femme si digne de comprendre le cœur de Vincent de Paul, qu'on la peut regarder en réalité comme suscitée de Dieu pour entraîner le pauvre curé de Clichy vers la sublime mission qui l'attendait. Dès la fin de l'année 1613, Vincent commença donc l'éducation de MM. de Gondi.

Une maison comme celle du général exposait à des dissipations continuelles; mais Vincent y savait vivre comme s'il eût vécu dans les déserts de la Thébaïde. Ne se mêlant jamais que de ce qui regardait l'éducation de ses élèves, il s'était imposé la convenance de ne paraître devant leurs parents, que lorsqu'il y était appelé. Toutefois sacrifiait-il les douceurs de sa retraite aux plus pieux devoirs. C'est ainsi qu'il entretenait la paix parmi les domestiques, les visitait lorsqu'ils étaient malades, et les consolait dans leurs afflictions.

Qu'une fête solennelle dût avoir lieu, quelques jours à l'avance il prenait grand soin de les assembler pour les instruire de la grandeur du mystère dont l'Église devait s'occuper; il en agissait de même dans les campagnes; et quand le général le menait dans ses terres, Vincent de Paul consacrait tous ses moments de loisir à l'instruction des villageois : il prêchait, faisait le catéchisme, administrait les sacrements; en un mot, il faisait tout ce que le pasteur le plus actif, le plus tendre, peut faire pour son troupeau.

On doit bien penser qu'un homme si zélé pour le salut de ses semblables, quels qu'ils fussent, ne négligeait pas les chefs de la maison de Gondi. Il ne laissait échapper aucune occasion d'entretenir les bonnes dispositions qu'ils avaient à la vertu; mais son respect pour eux n'était mêlé d'aucune timide complaisance.

En voici un exemple glorieux pour Vincent de Paul. M. de Gondi reçut un jour un affront d'un seigneur de la cour. La gloire de sa maison, le souvenir du maréchal de Retz son père, le haut rang qu'il tenait lui-même dans le royaume, tout lui faisait, disait-il, un devoir de laver cet outrage dans le sang de son ennemi. Les duels étaient très-communs à cette époque. Avant donc de partir pour le combat, M. de Gondi veut entendre la sainte messe. Après l'avoir célébrée, et quand tout le monde s'est enfin retiré, Vincent de Paul se jette aux pieds du général, resté seul dans la chapelle : « Souffrez, Monsieur, lui dit-il, que je vous dise un mot en toute humilité. Je sais que vous avez le dessein de vous battre en duel ; mais je vous déclare, de la part de mon Sauveur que vous venez d'adorer, que, si vous n'abandonnez ce mauvais dessein, il exercera sa justice sur vous et sur votre postérité. »

En disant ces mots, Vincent se retira accablé de tristesse et d'horreur. Il n'en fallut pas davantage ; le cri de la conscience se fit entendre, M. de Gondi ne se battit pas.

Il n'y avait pas un an que Vincent de Paul était dans la maison de Mme de Gondi, lorsque cette dame le prit pour son directeur; mais, quelque vertueuse qu'elle eût été déjà, dès qu'elle se fut mise sous sa conduite, on la vit se porter avec une ardeur nouvelle à la pratique des vertus les plus sublimes. Indépendamment des aumônes qu'elle répandait surtout dans ses terres, elle visitait les malades, se faisait un honneur de les servir, et n'épargnait enfin ni dépenses, ni peines pour faire honorer Dieu. Vincent était l'âme et le conseil de cette respectable dame.

PREMIÈRE ORIGINE DE TOUTES LES MISSIONS FONDÉES PAR VINCENT DE PAUL.

Un jour qu'au sortir d'une maladie fâcheuse, Vincent était avec Mme de Gondi au château de Folleville, on vint le prier de se transporter à Gasmes, petit village distant d'environ deux lieues, pour confesser un paysan qui avait, au lit de la mort, témoigné le désir de s'ouvrir à lui. Vincent ne différa point à s'y rendre. Le malheureux paysan avait la conscience chargée de plusieurs péchés, qu'une mauvaise honte l'avait empêché jusque-là de révéler.

Le saint prêtre, ayant commencé à entendre le pauvre moribond, eut la pensée de l'exciter à faire une confession générale; celui-ci, encouragé par la douceur des paroles de Vincent de Paul, fit un suprême effort, et dévoila enfin toutes ses misères. La comtesse de Joigny étant, sur ces entrefaites, allé voir ce malheureux : « Ah! Madame, s'écria-t-il, j'étais damné, si je n'eusse fait une confession générale. »

La comtesse, tout effrayée de cet aveu, se retournant vers Vincent de Paul : « Qu'est-ce que cela, Monsieur? lui dit-elle; que venons-nous d'entendre? Si ce pauvre diable, qui passait pour un homme de bien, était en état de damnation, que sera-ce des autres qui vivent plus mal? Ah! Monsieur, quel remède à cela? »

Tout aussitôt la comtesse de Joigny pria le digne pasteur de faire aux habitants de Folleville un petit discours sur l'utilité des confessions générales; ce que fit en effet Vincent, le 25 janvier 1617, jour où l'Église honore la conversion de saint Paul. Dieu donna tant d'onction et de force à ses paroles, que chacun s'empressa de repasser toutes ses misères dans l'amertume de son cœur. Après les avoir instruits, Vincent se mit à les entendre; mais la foule devint bientôt si grande, qu'il fut obligé de faire venir, pour l'aider, deux autres prêtres d'Amiens. La moisson fut des plus abondantes. Dès qu'on eut fini à Folleville, on recommença dans les autres villages du même canton.

Cette mission de Folleville est la première que Vincent de Paul ait faite. Chaque année, le 25 janvier, il en célébrait la mémoire, rendant à Dieu d'humbles actions de grâces de ce que le jour de la Conversion de saint Paul était celui où la pensée des missions avait, en quelque sorte, été conçue.

La charité, les travaux, les succès de Vincent firent une si grande impression sur ceux qui l'approchaient, qu'on le regarda bientôt comme l'ange tutélaire de la famille de Gondi. Quelque précaution minutieuse qu'on prît pour ne point alarmer sa modestie, on le traitait, suivant lui, avec une distinction beaucoup trop marquée ; or ces sentiments si naturels, qui eussent flatté un être moins vertueux, n'étaient pour lui qu'un supplice perpétuel ; il ne pouvait souffrir qu'on le regardât comme un homme nécessaire, ni qu'on portât le moindre attachement à sa conduite personnelle. Il résolut donc de se retirer ; mais comme il n'était entré chez Mme de Gondi qu'à la sollicitation de M. de Bérulle, il ne voulut pas en sortir sans l'en informer ; toutefois se contenta-t-il de lui dire qu'il se sentait pressé intérieurement de s'adonner tout entier, dans quelque province éloignée, à l'instruction et au service des pauvres de la campagne.

M. de Bérulle comprit qu'un homme si sage ne pouvait quitter une position si honorable que pour des raisons légitimes. Il ne s'opposa donc point à ce changement ; mais, voyant que son zèle n'avait pas d'objet déterminé d'avance, il lui proposa de se rendre à Châtillon-lez-Dombes, l'assurant qu'il trouverait là de quoi s'occuper ; et, certes, il ne se trompait pas. Depuis plus d'un siècle, cette ville n'avait ni curé, ni pasteur ; chacun y donnait du scandale à sa manière; plusieurs familles considérables étaient infestées d'hérésie; et quant à ceux qui s'étaient maintenus dans la foi, cette foi même ils la démentaient par la corruption de leurs mœurs.

CONVERSIONS DE CHATILLON-LEZ-DOMBES.

Dès que Vincent fut arrivé à Châtillon, il s'appliqua soigneusement à connaître l'état de son troupeau. Effrayé de ce qu'il apprit, il jugea qu'il ne ferait rien de solide s'il n'était puissamment secondé. Un docteur, du nom de Girard, voulut bien s'associer à son œuvre. Ils travaillèrent tous deux, dès le mois d'août 1617, avec un zèle infatigable. Vincent suivit à Châtillon la méthode qui, plusieurs années auparavant, lui avait si bien réussi à Clichy. Il bannit les danses et les excès qui déshonoraient les fêtes; puis il commença de travailler à l'instruction du peuple, à la conversion des pécheurs.

Pour soutenir de grandes vérités par de grands exemples, Vincent de Paul visitait assidûment les malades, consolait les pauvres, se rendait pauvre lui-même à force de les soulager. Dieu bénit des vœux si sages; le succès passa ses espérances; partout où se portaient les pas du saint prêtre, la charité personnifiée semblait verser à pleines mains ses bienfaits; on eût dit que c'était là la parole d'ineffable consolation qu'attendaient tant de cœurs desséchés pour se redonner à Dieu au milieu des sanglots et des larmes; que c'était la main de laquelle le pauvre attendait le pain de la miséricorde, et qu'il devait baiser avec reconnaissance. Quatre mois n'étaient pas écoulés, qu'on ne retrouvait plus Châtillon dans Châtillon même.

Mais l'œuvre la plus féconde de Vincent, pendant son séjour en Bresse, fut, après ces conversions, l'établissement de la confrérie de la Charité pour les malades des campagnes. Au nombre des conversions que Dieu opéra par le ministère de son serviteur, l'une des plus remarquables fut celle de deux jeunes dames de condition, nommées de Brunand et de La Chassaigne, qui, pleines du mauvais esprit du siècle, n'avaient jusque alors fait qu'un assez mauvais usage des agréments de leur sexe et des avantages de la fortune.

Dès le premier discours que prononça Vincent de Paul en public, ces dames si mondaines prirent la résolution de lui rendre visite. Le saint prêtre, qui s'aperçut bientôt du trouble qu'il avait excité dans leur conscience, leur parla avec tant de force et d'onction, qu'elles formèrent sur-le-champ le dessein de renoncer complétement au monde pour se consacrer au service de Jésus-Christ et des pauvres. A dater de ce jour, elles suivirent avec un si grand zèle tous les conseils de leur directeur, elles embrassèrent avec une telle ardeur leur vocation nouvelle, qu'on les peut regarder, en réalité, comme les deux premières pierres vivantes du pieux monument de charité institué presque incontinent à Châtillon, et qui a servi de modèle à tous ceux qu'on a depuis érigés en divers lieux de France et même au sein des États étrangers.

PREMIÈRE ORIGINE DES CONFRÉRIES DE CHARITÉ FONDÉES PAR VINCENT DE PAUL.

Voici l'origine première de cette admirable institution : la conversion de Mmes de Brunand et de La Chassaigne avait donné dans tout le pays un crédit infini au saint prêtre. Vincent, un jour de fête, se préparait à monter en chaire, quand Mme de La Chassaigne le pria de recommander aux charités de ses paroissiens une famille malade et extrêmement pauvre, qui demeurait à une demi-lieue de la ville ; ce que fit Vincent avec cette onction qui lui était si naturelle. Aussi, la prédication à peine finie, un grand nombre de ceux qui l'avaient entendue sortirent pour aller visiter ces pauvres gens ; et personne n'y alla les mains vides : ceux-ci portèrent du pain, ceux-là du vin, et d'autres différents comestibles.

Vincent s'y rendit lui-même après vêpres ; il fut fort surpris de rencontrer sur le chemin une multitude de personnes qui revenaient par groupes ; il loua leur zèle ; pourtant il ne le trouva pas sage : « Voilà, dit-il, une grande charité, mais elle n'est pas bien réglée. Ces malades auront trop de provisions à la fois. Celles qui ne seront pas consommées sur-le-champ se gâteront, et les pauvres gens retomberont bientôt dans le besoin. »

Cette première réflexion porta le saint prêtre à examiner par quel moyen on pourrait secourir avec ordre, non-seulement cette famille, l'objet actuel de sa sollicitude, mais toutes celles qui, dans la suite, éprouveraient les mêmes nécessités. Il communiqua ses idées à quelques dames de la paroisse qui avaient de la fortune et de la piété. Chacune d'elles voulut prendre part à une si bonne œuvre. Vincent dressa donc un projet de règlement de la nouvelle confrérie.

Bientôt une quinzaine de dames furent enrôlées comme *servantes des pauvres* dans la chapelle de l'hôpital ; d'autres suivirent leur exemple : à chaque réception nouvelle, Vincent leur faisait des discours qui les embrasaient tout à la fois de l'amour divin et de l'amour des pauvres ; ce fut au point que l'éloignement du pasteur, que ces généreuses dames perdirent plus tôt qu'elles ne l'avaient cru, ne put même ralentir leur ferveur. Elles la firent constamment éclater dans une famine qui survint, et, peu après, dans une peste qui désola Châtillon. Elles firent dresser des cabanes auprès de la ville, et s'y logèrent. C'est de là, comme d'une source salutaire et féconde, que se multiplièrent des aliments pour les pauvres et des remèdes pour ceux que la contagion avait attaqués. La Bresse fut attendrie du spectacle touchant que lui donnaient des personnes si pieuses, après avoir été si mondaines ; on avait peine à retenir ses larmes, quand on les voyait passer les jours et les nuits dans des chaumières où la mort sévissait de toutes parts.

Les habitants des bourgs et des lieux voisins, informés des heureux résultats de cette pieuse congrégation de charité, en fondèrent bientôt chez eux de semblables. L'homme de Dieu, que ces premiers succès avaient encouragé, l'établit en peu d'années à Villepreux, à Joigny, à Montmiral, et en plus de trente paroisses dépendantes de la maison de Gondi. C'est de là qu'elle a passé non-seulement dans la capitale, mais en Lorraine, en Savoie, en Italie et en tant d'autres lieux.

Des milliers de pauvres doivent encore aujourd'hui à la charité de Vincent de Paul les secours temporels et spirituels qu'ils reçoivent de la piété des bienfaiteurs. Une société, aussi honorable qu'édifiante, s'est instituée, de nos jours, au nom de saint Vincent de Paul, pour perpétuer ses bienfaits, ses charités et ses œuvres. Car le *pauvre peuple*, les *pauvres malades* ! toute la pensée de Vincent était là, comme toute la pensée d'une mère inclinée sur le berceau de son pauvre enfant à l'agonie est pour le salut de cet enfant.

NOUVELLE EXISTENCE DE VINCENT DE PAUL.

Le saint prêtre recueillait le doux fruit de ses travaux, lorsque Mme de Gondi, qui n'avait jamais pu se consoler de son éloignement, obtint, après mille premières sollicitations directes, toujours demeurées vaines, de M. de Bérulle, le seul homme qui eût toute influence sur Vincent, que celui-ci revînt enfin dans sa maison pour l'aider à évangéliser ses malheureux paysans et dépenser son argent en bonnes œuvres.

Vincent n'eut pas plutôt annoncé son départ à ses paroissiens, que des larmes coulèrent de tous les yeux; chacun crut avoir tout perdu en perdant l'homme de Dieu et du prochain; mais tandis qu'une partie de la Bresse pleurait Vincent de Paul, Mme de Gondi le recevait comme un ange que Dieu lui envoyait pour la conduire dans les voies de la perfection.

Vincent, ne conservant plus qu'une inspection générale sur MM. de Gondi, eut tout le loisir de veiller au salut des peuples de la campagne; il fit donc des missions à Villepreux, suivies elles-mêmes de plusieurs autres qui répandirent d'immenses bienfaits dans les diocèses de Sens, de Beauvais et de Soissons. Les bénédictions du Ciel suivaient partout les pas du saint personnage.

Quoique les besoins des pauvres villageois fussent cependant le grand objet de la charité de

Vincent, il ne se bornait pas encore à les secourir. De retour à peine de ses missions, il visitait les hôpitaux et les prisons. Son penchant le portait toujours là où il y avait le plus de maux à guérir. Son cœur avait besoin de trouver des misères nouvelles à soulager, des malheureux d'une nouvelle espèce à qui porter la parole consolante du Christ.

Il voulut donc savoir comment étaient traités les criminels destinés aux galères. On lui ouvrit les cachots de la conciergerie; il y trouva bien plus de misère qu'il ne l'avait cru. Sans perdre un instant, il en avertit le général des galères, et lui représenta qu'en attendant la translation de ces malheureux à Marseille, il était de son devoir de ne pas souffrir qu'ils n'eussent ni secours, ni consolations.

« Eh quoi! s'écriait-il, il y a des âmes tellement malheureuses, que le plus petit rayon de la lumière chrétienne n'y pénètre pas; des intelligences qui ne pensent à rien, des hommes qui attendent la mort au milieu des plus rudes travaux, qui sont marqués du sceau ineffaçable de l'ignominie et à qui pas un homme ne va parler comme un ami à un ami, qui ne devront enfin jamais entendre que le bruit de leurs chaînes, la voix sévère de leur maître, et succomber inévitablement sous le poids de la honte et de la débauche! »

Vincent loua donc une maison faubourg Saint-Honoré, afin d'y réunir tous les forçats qui se trouvaient dispersés dans les différentes prisons de la ville; et, pour soutenir cette bonne œuvre, il mit quelques amis à contribution. Que ce dut être, par un beau jour de mai, un étrange et imposant spectacle que celui de Vincent de Paul marchant à la tête de tous ces malheureux galériens, calmes, résignés, paisibles, qu'il conduisait lui-même vers le lieu de refuge qu'il leur avait préparé! L'étonnant cortége! La vertu la plus pure traînant à sa suite toutes les plaies morales de l'humanité. Ceci se passait en l'année 1622.

Au reste, le saint prêtre parla de Dieu aux prisonniers les plus pervertis avec une ferveur brûlante, mais si pleine de douceur, et ses discours produisirent une telle impression sur eux, qu'il eut enfin la consolation de voir des hommes qui avaient oublié Dieu pendant une longue suite d'années, s'approcher des sacrements avec un respect mêlé de reconnaissance et d'amour.

Cette conversion fit le plus grand honneur à Vincent tant à Paris qu'à la cour. M. de Gondi, édifié tout le premier de l'ordre admirable qu'un seul homme avait établi parmi tant de gens qui n'en avaient jamais connu, forma le dessein d'en introduire un semblable dans toutes les galères de France. Il en parla donc au roi ; Louis XIII accueillit favorablement cette ouverture ; et, par un brevet du 8 février 1623, il nomma Vincent aumônier général de toutes les galères du royaume.

Cette mission nouvelle fut, peu de temps après, suivie d'une autre qui prouvait assez le jugement qu'en portait saint François de Sales. Ce grand évêque jeta les yeux sur Vincent pour en faire le premier supérieur des religieuses de la Visitation, que la bienheureuse Frémiot de Chantal avait depuis peu établies rue Saint-Antoine.

GRANDE MISSION DE VINCENT DE PAUL SUR LES GALÈRES.

Vincent dut enfin entreprendre, en faveur des forçats, le voyage de Marseille et de Bordeaux; mais il ne voulut pas se faire connaître en arrivant dans chacune de ces villes; il évitait par là les honneurs attachés à sa dignité. Tout occupé du soulagement des galériens, il allait de rang en rang comme un père. Il écoutait leurs plaintes avec patience, arrosait leurs chaînes de ses larmes, joignait l'aumône aux adoucissements, aux exhortations.

Avec quelle onction ne raconte-t-il pas lui-même son plan de conduite vis-à-vis des forçats! « Je vis en arrivant, dit-il, un spectacle des plus pitoyables qu'on puisse imaginer : des criminels doublement misérables, plus chargés du poids insupportable de leurs fautes que de la pesanteur de leurs chaînes, accablés de tant de misères, qu'elles leur ôtaient le soin de la pensée de leur salut et les portaient incessamment au blasphème et au désespoir. C'était une vraie image de l'enfer, où l'on n'entendait parler de Dieu que pour le renier, de la Providence que pour la maudire. Étant donc touché d'un sentiment de compassion envers les pauvres forçats, je me mis en devoir de les consoler et de les attirer le mieux qu'il me fut possible; et surtout j'employai tout ce que la charité put me suggérer pour adoucir leurs esprits et les rendre, par ce moyen, susceptibles du bien que je désirais procurer à leurs âmes; j'écoutais leurs plaintes avec patience; je compatissais à leurs peines; j'embrassais leurs fers pour les leur rendre plus légers; j'employais tout ce que mes prières et mes remontrances avaient de force pour que les officiers les traitassent avec plus d'humanité. »

Grâce à Vincent, l'esprit de paix commença dès lors à régner dans les galères; les murmures s'apaisèrent; les aumôniers ordinaires purent parler de Dieu sans être interrompus, et l'on reconnut enfin que les forçats pouvaient encore être susceptibles de repentir.

Ce premier succès inspira à Vincent de Paul la pensée de faire une seconde mission à Bordeaux, où il y avait dix galères. Après avoir choisi dans les différents monastères de la ville vingt des meilleurs ouvriers évangéliques qu'il y pût trouver, il les distribua deux à deux dans chaque galère. Quant à lui, il était partout ; les consolations du Ciel ne lui manquaient pas ; aussi les résultats de cette autre mission furent tels, qu'après avoir écouté ses douces paroles, les galériens vinrent en foule, les larmes aux yeux, se jeter à ses pieds et implorer sa bénédiction. Il eut même, en cette occurrence, le bonheur de gagner à Dieu un mahométan, et ce pauvre Turc converti venait, tous les jours, remercier le saint prêtre de l'avoir ramené à la vérité.

Pour tout dire, Vincent de Paul opéra dans les bagnes la révolution la plus complète. Ces hommes si durs, si corrompus, l'aimaient, l'honoraient, lui obéissaient en toutes choses. Sa patience à toute épreuve, sa bonté ineffable et son humilité avaient produit toutes ces merveilles. Il avait si bien compris tout le pouvoir qu'exerce une parole douce sur l'âme la moins tendre et la plus grossière, qu'il la recommandait particulièrement aux ecclésiastiques qu'il envoyait moissonner, pour Dieu, dans le vaste champ des missions de France.

FONDATION DU COLLÉGE DES BONS-ENFANTS.

Mais Vincent dut enfin renoncer à ses prédications sur les galères; d'autres grands intérêts le rappelaient à Paris. Il avait, de concert avec Mme de Gondi, médité la fondation d'un collége consacré à l'éducation des prêtres destinés à porter dans les campagnes les secours de la charité et les consolations de la foi. Il quitte donc Marseille et Bordeaux; oui, mais il emporte, en partant, une commisération profonde pour les malheureux dont il a déjà si bien adouci les souffrances, et cette commisération, il ne tardera pas à la manifester en leur faveur par de nouveaux bienfaits.

Quoi de plus admirablement touchant que ce naïf exposé de l'acte de fondation du collége des Bons-Enfants, écrit de la main même de Vincent de Paul! Il y est dit : « Qu'il avait plu à Dieu de pourvoir, par sa miséricorde infinie, aux besoins des villes, et qu'il ne reste que le pauvre peuple de la campagne qui seul demeure comme abandonné ; à quoi il a semblé qu'on pouvait remédier par la pieuse association de quelques ecclésiastiques de bonnes vie et mœurs, et de capacité connue, qui voulussent renoncer tant aux conditions desdites villes qu'à tous bénéfices, charges et dignités de l'Église, pour, sous le bon plaisir du prélat, s'appliquer purement et simplement aux besoins du pauvre peuple, allant de village en village, aux dépens de leur bourse commune, secourir, instruire et catéchiser ces pauvres gens, sans en prendre aucune rétribution, en aucune manière que ce soit, afin de distribuer gratuitement les dons qu'ils ont reçus gratuitement de la main de Dieu. »

Ainsi ce fut un vieux collége, fondé, vers le milieu du treizième siècle, sous le nom de Bons-Enfants, qui devint le berceau d'une congrégation appelée à se répandre plus tard dans une partie des provinces du royaume, à se multiplier en Italie et en Pologne.

Après la mort de Mme de Gondi, qui depuis

longtemps aspirait au ciel, Vincent de Paul se retira donc, en 1625, dans ce collége, avec Antoine Portail, son disciple. Comme il était impossible que nos deux prêtres soutinssent seuls la fatigue des missions, ils s'adjoignirent un troisième ecclésiastique. Ils allaient tous trois, de village en village, catéchiser, exhorter, confesser. Ils le faisaient avec simplicité et désintéressement. Chaque jour, la moisson devenait plus abondante. La Providence, qui avait fait naître la congrégation, se chargea aussi de la multiplier. Six autres prêtres s'offrirent bientôt à Vincent pour partager ses travaux. Louis XIII autorisa par lettres patentes cette association nouvelle; le parlement y mit, en 1631, le sceau de son autorité, et Urbain VIII l'érigea, l'année suivante, en congrégation.

LA MAISON DE SAINT-LAZARE.

Cependant le collége des Bons-Enfants ne devait pas suffire longtemps aux exigences d'une œuvre qui grandissait chaque jour; un autre sanctuaire plus vaste et plus digne de l'avenir de cette œuvre mémorable lui était ménagé dans le magnifique établissement de Saint-Lazare ; car c'est de là que devaient partir, durant deux siècles, tant d'héroïques et vertueux missionnaires pour tous les pays du monde.

La maison de Saint-Lazare était une seigneurie ecclésiastique, dépendante des chanoines réguliers de Saint-Augustin. M. Lebon, qui en était supérieur, voulant y appeler les prêtres du collége des Bons-Enfants, s'en alla offrir son établissement à Vincent de Paul. Celui-ci, frappé, dans son humilité, comme de la foudre, à cette proposition si imprévue, resta tout interdit sans rien répondre. « Eh quoi ! Monsieur, s'écria le bon prieur, vous tremblez ! — Il est vrai, repartit Vincent, que votre proposition m'épouvante ; elle me paraît si fort au-dessus de nous, que je n'ose y penser. Nous sommes d'indignes prêtres qui vivons dans la simplicité, sans autre dessein que de servir les pauvres de la campagne. » Et Vincent refusa obstinément ; puis enfin, à grand'peine, M. Lebon obtint-il qu'il demandât six mois pour y penser.

Un pareil refus de la part d'un saint homme, voué avec tant d'amour au bien-être de l'humanité, pouvait sembler bien étrange; mais le trait essentiellement caractéristique de l'esprit qui animait Vincent de Paul dans toutes ses entreprises, c'était tout à la fois une grande méfiance de lui-même et une confiance absolue en Dieu. Il ne se décidait jamais à prendre un parti qu'après en avoir bien longuement pesé les raisons pour ou contre; qu'après avoir, dans d'incessantes prières, demandé l'assistance divine; alors il se déterminait, selon ce qui lui apparaissait au fond de sa conscience, croyant que telle était la volonté de la Providence. « Attendez, répétait-il souvent à ceux qui le voulaient presser, l'heure du Seigneur n'est pas encore venue. » Aussi, comme on l'a fort bien dit, il n'y eut jamais de vie moins pressée que celle de Vincent de Paul, et en même temps il n'y en eut jamais de plus occupée, de plus pleine de bonnes œuvres.

Les six mois de réflexion qu'il avait demandés une fois expirés, Vincent opposa encore de nouveaux refus. Ce ne fut qu'au bout d'un an que, cédant enfin aux avis réitérés d'un docteur en Sorbonne, M. André Duval, il consentit à faire un concordat avec le prieur et les religieux de Saint-Lazare, le 7 janvier 1632.

Mais autant Vincent de Paul avait mis de résistance à répondre aux sollicitations pressantes du prieur de Saint-Lazare, autant, lorsque la volonté de Dieu se fut une fois manifestée, il mit d'ardeur à cultiver cette riche moisson qui venait d'éclore sous ses pas; dès ce jour les missionnaires se répandirent de tous côtés comme une nombreuse et sainte famille, animée de la foi de son père spirituel.

Saint-Lazare devint donc, sous la direction de Vincent de Paul, un hospice moral où l'on traitait les plus dangereuses maladies de l'âme. Les criminels condamnés aux galères furent les premiers à ressentir les effets de la charité que ce nouvel établissement mettait le saint prêtre à même d'exercer avec plus d'étendue.

Les forçats, transportés par ses soins dans le quartier Saint-Roch, y étaient aussi bien que le comportait leur état; mais Vincent s'occupa des moyens de leur procurer un hospice qui leur fût consacré à toujours. Il s'adressa au roi, et obtint de lui, pour ces malheureux, une ancienne tour située entre la Seine et la porte Saint-Bernard ; il prit soin en même temps de fournir à leur dépense. Ce fut surtout à lui que les galériens durent leur entretien et leur nourriture pendant les dix premières années de cette fondation nouvelle. Et sa sollicitude pour ces misérables ne se borna pas encore à ces premiers soins : ce qui l'avait le plus touché dans le séjour qu'il avait fait à Marseille, c'était le triste état de ceux qui tombaient malades dans les bagnes ; mais il fallait prendre patience, les troubles du royaume ne lui permettaient pas de remédier à cet abus.

Dès qu'il en trouva l'occasion, le saint prêtre représenta au cardinal Richelieu la nécessité de fonder à Marseille un hôpital pour les forçats. Richelieu fit agréer ce projet au roi, et l'hôpital fut bâti dans le lieu même où Philippe de Gondi en avait jeté les fondements quand Vincent demeurait avec lui. Dans la suite, Louis XIV lui assigna 12,000 livres de revenu annuel.

Pour mettre Vincent et ses missionnaires plus à même de continuer le bien qu'ils avaient commencé à faire aux galériens, le jeune roi lui confirma, en 1644, la charge d'aumônier général. La duchesse d'Aiguillon prit part à une si bonne œuvre; et, par un capital de 14,000 livres, elle fonda, pour tous les cinq ans, des missions sur les galères. C'est ainsi qu'un pauvre prêtre excitait à la bienveillance, et mettait en mouvement tout ce que l'État avait de plus élevé, pour procurer à des malheureux qu'il regardait comme ses frères tous les secours de la plus tendre charité.

D'un autre côté, les conférences de Saint-Lazare, qui avaient lieu sous les auspices de Vincent de Paul, offraient les résultats les plus importants. Un de leurs premiers fruits fut de peupler l'Église d'un grand nombre de fidèles ministres qui, pleins de l'esprit dont le saint prêtre était animé, le répandirent dans toutes les provinces. Vincent les envoyait à droite, à gauche, selon que l'exigeaient les circonstances du lieu et des temps.

La France, toujours édifiée, les vit se livrer avec une ardeur invincible aux plus rebutantes fonctions du ministère. Il n'y eut presque point de condition dans la capitale qui ne ressentît l'influence de leur zèle ; les Quinze-Vingts, les mendiants dont Paris était alors inondé, l'hôpital de la Pitié, celui que Vincent avait procuré aux forçats, l'Hôtel-Dieu surtout, c'est-à-dire ses domestiques, ses malades et les saintes filles qui se dévouent à leur service, tels furent les pénibles objets qui les occupèrent pendant plus de cinquante ans.

Le bien que Vincent avait fait au clergé, par l'institution de sa pieuse et savante assemblée, ne suffisait plus à l'insatiable vivacité de son zèle. Il voulut opérer quelque chose de semblable dans les familles par l'établissement des *retraites spirituelles*. Dans cette vue, il résolut de partager sa maison et son bien avec ceux qui voudraient en profiter pour se réconcilier avec Dieu. Semblable à ce père de famille dont parle l'Écriture, il forçait les bons et les mauvais à s'asseoir à sa table. Pour tout salaire, il demandait que les justes se sanctifiassent davantage encore, et que ceux qui ne l'étaient pas fissent tous leurs efforts pour le devenir.

En peu de mois, la maison de Saint-Lazare fut plus fréquentée qu'elle ne l'avait été depuis un siècle. Vincent la comparait lui-même à l'arche de Noé; en effet, c'était un spectacle singulier que celui de voir réunis dans le même réfectoire des seigneurs de la plus haute condition et des gens du plus bas étage, des docteurs éclairés et de pauvres paysans, de grands magistrats et de simples artisans, des vieillards qui venaient gémir du passé, et des jeunes gens se mettre en garde contre les périls de l'avenir.

Vincent animait les siens à ne compter pour rien ni la peine, ni les frais de ces saints exercices. « Les missionnaires, leur disait-il, doivent être remplis, par-dessus tout autre prêtre, de l'esprit de compassion, étant obligés, par leur vocation et par leur état, à servir les plus abandonnés, les plus accablés de misères corporelles et spirituelles; ils doivent être profondément affligés des maux du prochain; et il faut que cette compassion du prochain paraisse en leur extérieur et sur leur visage, à l'exemple de Notre-Seigneur qui pleura sur la ville de Jérusalem; il faut employer des paroles compatissantes qui fassent voir au prochain comment on entre dans les sentiments de ses souffrances ; il faut enfin le secourir et l'assister autant qu'on le peut dans ses nécessités, dans ses misères, et tâcher de l'en délivrer en tout ou en partie. »

Mais il leur donnait encore, sur ce point, des exemples non moins éloquents que ses paroles. « Cet amateur désespéré de la pauvreté, » comme a dit saint François d'Assise, évitait non-seulement toute dépense superflue pour lui-même, mais il n'en faisait même de nécessaire qu'à la dernière extrémité. Avait-il besoin de se chauffer l'hiver, il ménageait son bois au profit des pauvres ; commandait-il des ornements pour son église, il voulait qu'ils ne fussent que de camelot, à la réserve des fêtes solennelles ; il portait ses vêtements le plus usés et rapiécés que possible ; il se contentait de vieux meubles qui pouvaient servir à peine ; quant à sa table, elle était au-dessous du plus strict nécessaire ; et encore lui arrivait-il souvent de se reprocher sa nourriture en ces termes : « Ah ! misérable, tu n'as pas gagné le pain que tu manges. » Bref, une chambre sans cheminée, un lit sans rideaux, une paillasse sans matelas, une table sans tapis, une muraille toute nue, deux chaises en paille, un crucifix de bois.... voilà quel était l'ameublement de ce sublime héros de la charité chrétienne.

Cependant, plus il avançait en âge, et plus Vincent devenait saintement prodigue; sa charité ne connaissait plus de bornes : enfin elle alla si loin, que, de compte fait pendant les dernières années de sa vie, il y eut près de vingt mille personnes qui firent la retraite dans sa maison, c'est-à-dire qu'on y en recevait plus de huit cents chaque année.

La vue de tant de bien ne fit qu'exciter encore son inépuisable charité. Ce n'était pas assez pour le père des pauvres d'avoir établi une congrégation de prêtres presque uniquement dévoués à leur service, le Ciel voulut encore qu'il sortît de lui un nombreux essaim de vierges qui, sans distinction de sexe ni d'âge, fissent, en faveur de l'orphelin et de l'indigent, ce que les occupations les plus importantes du ministère apostolique ne lui permettaient pas de faire lui-même.

LA LORRAINE ET LE BARROIS SECOURUS PAR VINCENT DE PAUL.

Quoique Vincent de Paul nous ait donné jusqu'ici d'innombrables preuves de la vertu la plus pure et de la charité la plus admirable, la carrière qu'il va fournir dans un âge avancé paraîtra peut-être plus merveilleuse encore. Sans doute, sa compassion pour les malheureux, son zèle pour le salut des pécheurs seront tout aussi ardents ; mais comme de grands événements vont surgir et les nécessités devenir bien plus pressantes que jamais, les secours qu'il devra donner à l'indigence ne se borneront plus, comme naguère, ni à quelques familles, ni à quelques paroisses ; sa charité toujours croissante en devra venir à nourrir jusqu'à des provinces.

En proie à cinq nations différentes qui se disputent la gloire ou plutôt la honte de les dévaster, la Lorraine et le Barrois ne sont plus qu'un théâtre d'horreur ; ce sont toutes les cruautés unies à toutes les profanations, l'assemblage de tous les maux de l'anarchie et des fléaux de la nature. Les flammes ont consumé ce qui a échappé au glaive ; la contagion dévore ce qu'épargna la famine ; on ne voit plus dans les campagnes que déserts, dans les cités que ruines, partout que des êtres expirants. Tout ce que les désastres de Samarie et de Jérusalem eurent de plus terrible, l'était peut-être moins encore que ce que l'on vit alors.

Dans cette conjoncture horrible, Vincent entreprend de se placer entre les vivants et les morts, d'arrêter l'incendie qui dévore la multitude, d'arborer l'étendard de la charité dans un pays où la miséricorde était inconnue : il convoque les pieuses dames de son assemblée, il a recours à la duchesse d'Aiguillon, même à la reine ; peu à peu il se voit en état de sauver la vie et l'honneur aux habitants de vingt-cinq villes et d'un nombre infini de bourgs et de villages. Comme le mal était presque universel, il fallait en quelque sorte multiplier, par la plus sage économie, des secours qui, bien que très-considérables en eux-mêmes, ne laissaient pas que d'être de beaucoup inférieurs aux besoins affreux qui se faisaient sentir.

La ville de Toul éprouva, la première, les bienfaits de Vincent de Paul. Ses missionnaires y prirent soin d'une foule de malades, de pauvres honteux, de soldats et de religieuses.

Metz était dans un état plus déplorable encore : le concours des pauvres de tout âge et de tout sexe qui l'assiégeaient au dedans et au dehors, avait quelque chose d'effrayant ; leur nombre s'élevait à quatre et cinq mille.

Quelque ardent désir qu'eût le serviteur de Dieu de soulager en même temps toutes les parties de la Lorraine et du Barrois, cela devenait impossible. Les premières aumônes qu'il avait envoyées, tant à Toul et à Metz qu'à Verdun et à Nancy, avaient épuisé sa maison et celles d'un bon nombre de dames charitables qui l'aidaient dans ses bonnes œuvres.

Ce ne fut donc que vers la fin de 1639 qu'il put porter des secours à Bar-le-Duc. On trouva dans cette ville huit cents pauvres environ ; la plupart gisaient, au sein de l'hiver le plus rigoureux, sur le pavé, dans les carrefours ou devant les portes des églises. C'est là qu'excédés de misère, consumés par la faim ou par le froid, ils attendaient la mort à toute heure. En peu de jours on en vêtit deux cent soixante, réduits à un état de nudité affreux; et l'on mit l'hôpital à même de recevoir un grand nombre de malades.

A Pont-à-Mousson, où les missionnaires de Vincent de Paul se transportèrent quelques mois plus tard, la désolation était plus grande encore. Ils y trouvèrent quatre ou cinq cents pauvres si défigurés, qu'ils ressemblaient moins à des hommes qu'à des squelettes; en outre, une centaine de malades, cinquante ou soixante pauvres honteux, puis des religieuses et quelques personnes de qualité en proie à la plus cruelle indigence. On suivit à Pont-à-Mousson la méthode qu'on avait adoptée pour les autres villes de la Lorraine.

Sur ces entrefaites, Vincent de Paul fut averti par les siens qu'il se trouvait dans cette province plusieurs orphelines de condition, que leur abandon exposait à l'insolence des soldats; il en fit venir, à diverses reprises, jusqu'à cent soixante à Paris. On leur adjoignit un grand nombre de petits orphelins qui périssaient de misère. Vincent fit aussitôt le partage de cette nouvelle colonie avec Mme Legras, dont il était le directeur, et qui occupera plus tard une si belle place dans ces pages. La pieuse veuve recueillit chez elle les orphelines, et plaça peu à peu chacune d'elles selon sa condition. Le serviteur de Dieu se chargea des jeunes garçons ; il les garda chez lui, en prit soin jusqu'à ce qu'il pût les mettre en service.

Un grand nombre de pauvres lorrains venaient d'ailleurs se réfugier à Saint-Lazare, où Vincent de Paul les recevait. Il fallait un cœur aussi vaste que le sien pour suffire à des charités aussi multipliées.

On a fait un calcul approximatif de toutes les aumônes que Vincent répandit dans la Lorraine et dans le Barrois ; elles s'élevèrent à plus de 1,600,000 francs, somme avec laquelle on faisait alors ce qu'on ne ferait pas de nos jours avec quatre millions.

Ce ne fut cependant là qu'une partie des bienfaits du saint prêtre en faveur de ces deux duchés. Il y fit passer, à diverses époques, environ quatorze mille aunes de drap pour vêtir une population entière. Joignons à cette prodigieuse dépense celles que nécessitèrent les églises dépouillées de linge et d'ornements, les jeunes orphelines qu'il recueillit à Paris, les pauvres lorrains qui se réfugiaient d'eux-mêmes à Saint-Lazare, enfin tant de familles respectables dans la détresse, qu'il soutint pendant plusieurs années.... et l'on conviendra que tout ce que Vincent de Paul a fait en faveur des Lorrains tient du miracle.

VINCENT DE PAUL AU CONSEIL DE RÉGENCE.

Nous allons maintenant voir le saint prêtre placé sur une scène assurément bien nouvelle pour lui. Louis XIII, sentant venir sa dernière heure, fit appeler Vincent à Saint-Germain. Celui-ci aida le monarque à élever son esprit à Dieu, à former des actes de soumission à la volonté du Seigneur ; enfin Louis XIII expira dans ses bras.

Anne d'Autriche, devenue régente, forma un conseil où devaient se discuter toutes les affaires religieuses; les membres de ce conseil, désignés par elle, furent Mazarin, le chancelier Séguier, Charton et Vincent de Paul.

Cette étrange dignité pénétra notre saint de douleur et de confusion ; il fit tout pour s'y soustraire, mais ce fut en vain, la Providence voulait le donner en spectacle au monde. En effet, pendant plus de dix années que dura ce glorieux emploi, sa vertu brilla dans tout son jour, et son humilité triompha des frivoles applaudissements du siècle. Il se rendait au conseil dans le même costume qu'il portait pour instruire les pauvres gens de la campagne.

L'égalité de son humeur et de sa patience fut toujours admirable au milieu des atteintes que l'envie et la malignité s'efforçaient de lui porter ; car le zèle ardent que mettait le saint prêtre à repousser du sanctuaire ceux qui n'étaient pas dignes d'y être admis, l'exposa souvent aux calomnies les plus noires.

Il serait difficile d'énumérer les services que Vincent de Paul rendit à l'Église et à l'État pendant la régence d'Anne d'Autriche. Ce qu'il y eut de plus beau dans son ministère, c'est qu'il l'exerça toujours avec noblesse, désintéressement et sagesse.

Chargé de la distribution d'un grand nombre de bénéfices, il eût certainement bien pu en faire accorder à sa congrégation ; il n'y pensa jamais. Un de ses plus intimes amis lui offre cent mille livres pour faire passer au conseil du roi des propositions qui n'avaient cependant rien d'onéreux pour le peuple ; mais la seule idée de vendre le crédit qu'il avait à la cour fit frémir le saint prêtre ; aussi, levant les yeux au ciel, il ne fit d'autre réponse que celle-ci : « Dieu m'en préserve ! j'aimerais mieux mourir cent fois que de dire une seule parole sur ce sujet. »

Au plus noble désintéressement Vincent de Paul joignait une prudence consommée, un esprit étendu, circonspect, propre aux grandes choses, difficile à surprendre. Ennemi né de la précipitation, bien qu'il pénétrât facilement les inconvénients et les avantages de toute entreprise, il voulait mûrir encore ce premier jugement sous l'inspiration de Dieu ; aussi ne s'exposa-t-il jamais à faire une fausse démarche. Pour ce qui est de la discrétion, de ce côté on le trouvait toujours invulnérable. Ce n'était pas la nature des grandes affaires qui se traitaient dans le cabinet du roi mais sa propre vertu qui le rendait circonspect.

VINCENT DE PAUL AU MILIEU DE TOUS LES FLÉAUX DE LA FAMINE, DE LA PESTE ET DE LA GUERRE CIVILE.

Vincent venait de fonder l'hospice des Enfants-Trouvés, quand la capitale et presque toutes les provinces se trouvèrent réduites à l'état le plus effrayant. La famine, la peste, la guerre civile faisaient partout les plus affreux ravages. On était alors au temps déplorable de la Fronde. La reine, ayant enfin résolu d'affamer Paris, en sort dans cette vue le jour des Rois avec son fils et la plus grande partie de la cour, et se rend à Saint-Germain.

Vincent juge que les pauvres vont être réduits aux plus fâcheuses extrémités, et les innocents enveloppés dans la proscription des coupables. A ce spectacle, ses entrailles s'émeuvent; après avoir pleuré au pied des saints autels sur les iniquités des peuples, il va gémir au pied du trône sur leurs malheurs. Le projet qu'il forme alors peut être regardé comme un trait sublime de courage. Anne d'Autriche l'honorait d'une bienveillance particulière; il eût, de son côté, mille fois donné sa vie pour elle et pour les intérêts du roi; mais comme sa conduite à l'égard de son peuple lui paraissait trop rigoureuse, qu'il était effrayé des horreurs que la guerre civile traîne toujours après elle, le plus humble des prêtres porte une fierté sainte devant la mère de son roi; il lui parle en faveur des pauvres avec autant de vérité, de courage que s'il eût été, comme il le dit lui-même, au jugement de Dieu.

Mais Vincent a parlé en vain, et les pauvres n'ont plus que lui pour sauveur et pour père. Plus de deux mille personnes sont nourries chaque jour dans sa propre maison; chaque jour, par ses soins, sont assistés quatorze mille infirmes; le blé manque pour les plus riches, il ne manque point pour Vincent; ce qu'il n'a pas, il l'emprunte; ce qu'il ne peut emprunter, il le crée.

On pensait généralement que Vincent de Paul

serait disgracié ; mais la cour, qui connaissait son attachement aux intérêts du roi, ne lui fit pas un crime de sa droiture; il fit demander le lendemain un passe-port et se dirigea sur Villepreux.

Nous allons voir dès ce moment le saint prêtre aller de ville en ville, accablé d'âge et de fatigues. On venait de mettre au pillage la maison de Saint-Lazare : huit cents soldats logés dans les bâtiments firent partout un dégât horrible. Pour comble de malheur, une ferme qui se trouvait être alors la principale ressource de Vincent et des siens fut également pillée, au point qu'il n'y resta ni blé, ni meubles, ni bétail.

Malgré ces désastres, de Freneville, où il s'était retiré, Vincent ne laissa pas de trouver le secret de soulager des milliers de malheureux. Et lui, comment vivait-il ? Mal chauffé pendant l'hiver le plus rigoureux, il se nourrissait de pain de seigle et de fèves ; encore même faisait-il le plus souvent distribuer aux paysans qu'il faisait manger avec lui ce qu'on lui servait de moins mauvais.

Les affaires de l'État se brouillant de plus en plus, Vincent résolut de visiter quelques maisons de sa congrégation. Il se rendit au Mans par un temps affreux, et il y fut reçu comme un ange du Seigneur.

Du Mans, le serviteur de Dieu prit la route d'Angers, où les filles de la Charité possédaient un établissement considérable. Après avoir employé quelques jours à les fortifier dans les vertus de leur état, il se dirigea sur Rennes ; il croyait pouvoir y passer incognito, comme il avait fait jusque-là ; mais à peine eut-il mis pied à terre en entrant dans la ville, qu'on vint le prier de sortir à l'instant même de Rennes, en ajoutant qu'un homme comme lui, l'un des conseillers de la reine, devenait suspect aux habitants, et qu'enfin on avait résolu de le faire arrêter. Il se disposait donc à partir, lorsqu'un gentilhomme, l'ayant reconnu, lui dit tout haut : « Monsieur Vincent sera bien étonné si à deux lieues d'ici on ne lui tire pas un coup de pistolet dans la tête. » Ainsi à de folles imputations se joignent les outrages, aux outrages les attentats.

Vincent de Paul se retira dès le lendemain à Saint-Méen ; il y passa quinze jours à la manière des hommes apostoliques. Il était en marche pour se rendre en Guienne, lorsque la reine lui fit transmettre l'ordre de retourner à Paris.

En revenant dans la capitale, le saint prêtre s'occupa des moyens de réparer une partie des maux que les troupes avaient causés dans le voisinage de Paris. La maison de Saint-Lazare se trouvait dans un état pitoyable et manquait de tout; il se vit réduit à manger et à faire manger aux siens du pain d'orge et plus tard même du pain d'avoine.

Cependant l'esprit de discorde qui divisait la France soufflait avec plus de violence que jamais; profitant de nos divisions intestines, les Espagnols ravageaient la Picardie et la Champagne; les premières nouvelles désastreuses vinrent de Guise : des voyageurs racontaient y avoir vu nombre de soldats malades, languissants, privés de tout secours, et mourant au milieu des chemins sans sacrements et sans consolations.

Vincent de Paul fit sur-le-champ partir deux de ses missionnaires avec des vivres et cinq cents francs d'argent. Ceux-ci trouvèrent sur toutes les grandes routes une telle multitude de malheureux, que leurs provisions furent consommées en un instant. Ils coururent aux villes voisines pour en acheter d'autres ; mais ces villes étaient elles-mêmes dans un état non moins déplorable : la disette et les plus pressants besoins y régnaient. Ces deux prêtres se hâtèrent alors d'écrire à Vincent que la désolation était générale ; que c'en était fait d'un peuple de malheureux s'il n'était promptement secouru.

A ces nouvelles , Vincent frémit de compassion; il veut tout entreprendre pour soulager ses frères. Quelque épuisées que fussent les dames de son assemblée, il les exhorte à de nouveaux sacrifices; et comme le mal pressait, il fait, avec les premiers secours qu'il peut ramasser , partir à diverses reprises jusqu'à seize de ses missionnaires, et après eux quelques filles de la Charité. Ce ne fut qu'à l'arrivée des uns et des autres que l'on connut au juste l'étendue des maux qui accablaient ces provinces désolées. La famine était telle, qu'on y voyait des hommes manger la terre, arracher l'écorce des arbres , dévorer les haillons dont ils étaient couverts.

Plus de trente villes et de deux cents villages éprouvèrent ainsi les heureux bienfaits de la charité de Vincent de Paul. Pendant les premières années, la dépense s'élevait à quinze, vingt et quelquefois trente mille livres par mois. Son total, en définitive, excéda un million ; mais ce qui ajoute un nouveau prix à cette belle œuvre, c'est qu'au moment même où Vincent de Paul accomplissait de si prodigieux efforts en faveur des Picards et des Champenois, il était encore obligé de porter des secours en bien d'autres lieux.

La capitale ne tarda pas à devenir à son tour la proie d'une disette affreuse ; le mal était incalculable, le remède y fut proportionné. Chaque jour on distribuait dans Paris des soupes à quinze mille pauvres, qui sans cela seraient morts de faim. On sauva de la misère et du déshonneur huit à neuf cents filles, en les recueillant dans des maisons particulières. Vincent eut encore la plus grande part à tous ces bienfaits.

FONDATION DE L'HÔPITAL DU NOM DE JÉSUS.

Mais la plus belle action qui ait signalé la soixante-dix-huitième année de sa vie fut l'établissement qu'on lui doit d'un hospice pour de pauvres vieillards.

Un jour de l'année 1653, certain riche bourgeois de Paris, pressé du désir de faire quelque chose d'agréable à Dieu, vint trouver Vincent de Paul et lui dit qu'il avait dessein de lui remettre une somme considérable pour être employée à des œuvres de piété dont il lui laissa le choix, sous la condition expresse qu'il tairait son nom. Vincent, qui se connaissait en vraie charité, fut merveilleusement touché de la dévotion de cet homme ; il accepta, puis il réfléchit longtemps à l'emploi qu'il ferait d'un argent si pieusement donné; enfin il s'arrêta à une idée qui lui semblait venir du Ciel : c'était celle d'établir un lieu de retraite pour de malheureux artisans réduits par la vieillesse ou les infirmités aux horreurs de la mendicité : le bienfaiteur anonyme goûta cette idée.

Vincent acheta donc sans délai un emplacement considérable et deux maisons dans le faubourg Saint-Laurent, qu'il pourvut de lits, de linge et d'autres objets nécessaires. Il fit disposer aussi une petite chapelle avec les ornements convenables, et acquit avec le surplus de l'argent une rente annuelle destinée à subvenir aux besoins de quarante pauvres. Une fois tout mis en état, il reçut dans ce nouvel hospice vingt pauvres de l'un et de l'autre sexe, les logea dans deux corps de bâtiments séparés l'un de l'autre, mais du reste si bien disposés, qu'hommes et femmes entendaient, sans se voir, les mêmes offices et la même lecture de table. Il désigna enfin des filles de la Charité pour les servir, et l'un de ses prêtres pour leur administrer les sacrements.

La maison du *Nom-de-Jésus* était à peine organisée, que plusieurs dames de charité et de distinction l'allèrent visiter ; elles voulurent tout voir, tout examiner, se faire rendre compte de tout. Ce fut pour ces dames un spectacle vraiment édifiant que celui de quarante vieillards vivant dans l'union la plus parfaite, se rendant au premier son de cloche à leurs petits ouvrages, plus volontiers encore aux exercices de piété ; elles comparèrent alors tout naturellement des pauvres si bien réglés à cette multitude de mendiants sans aveu, sans religion, qui battaient le pavé de Paris, inondaient les églises, et tout aussitôt elles conçurent l'heureuse idée d'engager Vincent de Paul à faire pour tous les pauvres qui se trouvaient dans la capitale, ce qu'il venait d'exécuter pour ceux du *Nom-de-Jésus*. Les premières dames qui eurent cette pensée s'empressèrent de la communiquer à d'autres, et bientôt on en fit la proposition au saint prêtre ; en même temps une de ces dames promit cinquante mille livres, une autre trois mille livres de rentes.

FONDATION DE L'HÔPITAL GÉNÉRAL.

Quelque accoutumé que fût Vincent aux grandes entreprises, le plan d'un hôpital général pour quarante mille mendiants l'effraya tout d'abord. Il désira qu'une affaire de cette importance fût mûrement réfléchie. Huit jours après, ce projet admirable fut adopté ; mais d'abord il fallait un terrain immense pour une si prodigieuse multitude de pauvres. Vincent demanda donc au roi et en obtint la maison de la Salpêtrière. Puis, voulant que cette grande œuvre de charité fût soutenue par l'autorité publique, il fit présenter au parlement les lettres patentes du roi pour les y faire enregistrer.

Un obstacle qu'on n'avait point prévu survint alors : plusieurs juges, frappés du grand nombre de vagabonds qu'on voyait errer dans les rues de Paris et de la difficulté de contenir sous un même toit cette multitude d'âmes viles et audacieuses, regardèrent ce projet de les renfermer comme une chimère. Il fallut toute la sagesse de Vincent de Paul, tout le zèle des dames de son assemblée, tout le crédit du premier président de Pomponne, pour surmonter ces difficultés. Après bien des conférences on en vint cependant à bout ; mais il fut résolu que tous les mendiants seraient obligés, ou de travailler pour gagner leur vie, ou d'entrer à la Salpêtrière, qui prit alors le titre d'*Hôpital général*. La majeure partie de ces hommes, ennemis de l'ordre, se retira dans les provinces ; et de cette nuée de fainéants et de vagabonds il n'y en eut, comme Vincent l'avait prévu, que quatre ou cinq mille qui profitèrent de la charité qu'on leur offrait.

Ce fut toutefois pour le serviteur de Dieu et ses dames de charité une véritable jouissance de voir cette grande œuvre accomplie, bien qu'imparfaitement. Ainsi Vincent exécuta dans Paris ce que saint Chrysostôme avait autrefois inutilement tenté pour Constantinople, ce qu'Henri IV avait projeté sans succès, ce que Marie de Médicis aurait regardé comme un des plus beaux monuments de sa régence, si elle eût pu l'accomplir d'une manière permanente.

Rendons aussi justice à quelques-uns de ceux qui eurent, après Louis XIV, le plus de part à ce glorieux établissement. Le cardinal Mazarin y contribua de cent mille livres en un seul jour et de soixante mille livres à sa mort. M. de Pomponne, qui avait fait d'abord l'abandon d'un contrat de vingt mille écus, en légua plus encore par son testament.

DERNIÈRES ANNÉES DE VINCENT DE PAUL.

Nous voici arrivés aux dernières années de Vincent de Paul ; sa vie ne va plus être pour lui que douleurs et infirmités. A une enflure de jambes, dont il ressentait depuis trente ans les atteintes, se joignirent enfin des ulcères qui, suivis d'une fièvre lente, firent tout craindre pour ses jours. Afin d'arrêter le cours de cette fièvre qui revenait fréquemment, il était obligé, pendant les plus grandes chaleurs de l'été, de faire de sa chambre une espèce d'étuve. Il sortait du lit à peu près comme on sort du bain. Toutefois ses souffrances ne l'empêchaient ni de se lever tous les jours à quatre heures du matin pour faire l'oraison avec sa communauté, ni de présider les diverses conférences qui se tenaient chez lui.

Bien que du côté de l'esprit on n'aperçût en lui aucune altération ; que par une espèce de prodige il gouvernât encore, à l'âge de quatre-vingt-trois ans, du fond de son réduit et de son lit de douleur, sa propre compagnie, celle des filles de la Charité, et ce grand nombre de communautés dont il était supérieur, avec autant de présence d'esprit que s'il eût joui de la meilleure santé, cependant il était aisé de s'apercevoir qu'il dépérissait d'heure en heure.

Enfin, le 27 septembre 1660, sur les quatre heures et demie du matin, après avoir entendu la messe et communié comme il faisait tous les jours, il s'éteignit soudain, au milieu de ses prêtres assemblés, revêtu de ses habits, assis dans sa chaise, comme un flambeau qui finit, sans fièvre, sans effort, sans convulsion, et rendit à Dieu l'une des plus belles âmes qui aient jamais été.

La mort de ce grand homme affligea tous les gens de bien du royaume. Jamais peut-être, depuis le trône jusqu'aux rangs les plus infimes de la société, regrets ne furent plus mérités, plus unanimes.

Ainsi finit cet homme unique dans les annales de la vertu, dont l'amour pour la pauvreté égala constamment son amour pour les pauvres; qui, humble à proportion de la beauté de ses œuvres, ne se doutait même pas de ses propres bienfaits;

qui, nourricier de sa nation, se reprochait jusqu'à sa propre subsistance ; ce saint prêtre qui avait Jésus-Christ si profondément gravé dans le cœur, qu'il en était inspiré dans ses pensées, dans ses actions, dans ses discours ; qui puisait en lui toute sa morale ; qui s'était fait une douce habitude de l'honorer dans tous les hommes et tous les hommes en lui ; qui le regardait comme chef de l'Église dans les successeurs de saint Pierre, comme prince des pasteurs dans les évêques, comme le seul maître dans les docteurs, comme juge des juges de la terre dans les magistrats, comme fils d'un artisan dans ceux qui vivent de leur travail, comme infirme dans les malades, comme agonisant dans ceux qui étaient près de mourir.

Avant la révolution de 1789, le corps de Vincent de Paul était exposé à découvert sur l'autel de sa chapelle, le jour de sa fête, dans l'église de Saint-Lazare. Ces vénérables restes reposent aujourd'hui dans la chapelle du chef-lieu des filles de la Charité.

QUELQUES TRAITS DE LA VIE DE VINCENT DE PAUL.

Plusieurs faits intéressants, pris au hasard entre mille, achèveront de peindre cet humble et sublime apôtre de la bienfaisance.

Partout où éclataient des souffrances physiques ou morales, on était toujours sûr de voir accourir Vincent de Paul, ou seul, ou suivi de ses prêtres, de ses religieuses, pour répandre les consolations de la foi, les dons de la charité. Tous les genres d'infortune excitaient au même degré sa sympathie, son anxiété, et déchiraient son cœur. Pauvres, malades, enfants trouvés, prisonniers, gens sans religion, galériens, soldats, débauchés, riches pervertis, tous ces malheureux avaient, à titre égal, le privilége de la charité de ce saint homme; car il avait coutume de dire aux siens : « Que votre charité ne se lasse jamais; donnez, donnez toujours, tant que le pauvre vous demande. »

Un jour, une multitude de femmes l'attendaient à sa sortie de la maison de Saint-Lazare pour lui demander l'aumône; il la leur promit;

puis, tout préoccupé d'affaires qu'il était, il ne songea plus à sa promesse; or, à peine était-il rentré, que les mendiantes lui firent rappeler ses paroles. Alors Vincent sortit, et se précipitant aux genoux de ces pauvres femmes, il leur donna l'aumône en leur demandant pardon de les avoir oubliées.

Une autre fois, un vieux soldat, criblé de blessures, se présentait à lui pour lui demander l'hospitalité. « Venez, mon frère, s'écria Vincent, venez demeurer avec moi. » Aussitôt il lui fit donner une chambre, plaça près de lui un domestique pour le servir, et, durant toute sa longue maladie, soigna lui-même, nuit et jour, ce malheureux bessé.

Rencontrait-il sur son chemin des pauvres infirmes, il ne manquait jamais de les interroger sur la nature de leurs maux, s'offrait à les soulager, et le plus souvent les faisait conduire à l'Hôtel-Dieu ou les y accompagnait lui-même. Un jour il prit dans son carrosse un malheureux tout couvert de plaies et le mena immédiatement à Saint-Lazare.

Frappé des tristes fléaux de la guerre, il alla se jeter aux pieds du terrible cardinal de Richelieu, en lui criant : « Monseigneur, ayez pitié de nous, donnez-nous la paix, donnez la paix à la France ; » et Richelieu courba plus d'une fois sa volonté de fer sous les ferventes prières de Vincent.

Un jour que le saint prêtre passait dans le faubourg Saint-Martin, il vit cinq ou six soldats qui assaillaient un pauvre artisan ; déjà celui-ci était blessé, son sang coulait, et la foule fuyait devant un tel spectacle ; Vincent marche vers les soldats, se jette au milieu de leurs épées, faisant ainsi un rempart de son corps au malheureux ouvrier. Les soldats s'arrêtent étonnés ; et l'onctueuse parole du saint prêtre a bientôt fait tomber la rage de ces forcenés.

On a prétendu que Vincent de Paul avait pris, un jour, les chaînes d'un galérien et les avait gardées jusqu'à ce qu'on découvrît cette fraude sublime. Ce fait n'est pas avéré sans doute ; en tout cas il était bien digne de Vincent de Paul.

A l'âge de soixante-quinze ans, ce saint vieillard allait, pendant l'hiver, visiter ses diverses communautés de Bretagne et de Poitou. Bien que ses jambes, malades depuis tant d'années, pussent à peine le soutenir, il allait à pied ou sinon il montait un mauvais cheval qui ne pouvait le tirer des routes pleines de boue et défoncées. Combien de fois n'a-t-on pas trouvé ainsi Vincent de Paul gisant à terre, ne pouvant se relever, et cependant ne se plaignant point, n'appelant pas même à son secours.

La duchesse d'Aiguillon, émue jusqu'aux larmes des pieuses fatigues de Vincent, lui envoya, un jour, un carrosse et deux chevaux; le saint prêtre les refusa en toute humilité; mais la duchesse s'obstinant à les lui renvoyer, il finit de guerre lasse par les garder, et le plus souvent il n'en faisait aucun usage. Pourtant ce carrosse, que Vincent n'appelait, dans sa candeur naïve, que son ignominie, était si petit et si laid, qu'il devenait, dans Paris, la risée des enfants des rues.

Partout Vincent de Paul choisissait la dernière place; on l'a vu s'empresser près de ses missionnaires pour ôter leurs chaussures mouillées; on l'a vu servir à la cuisine, remplir même les derniers offices; à table, il préférait le reste des autres: aux instructions, c'est lui qui enseignait le *Pater* et l'*Ave* aux petits enfants; en voyage, il se logeait de préférence dans la chambre destinée aux valets. Souvent on l'entendit demander pardon à ses plus jeunes frères de quelques peines qu'il pensait leur avoir causées.

Vincent rappelait toujours son obscure naissance; il se plaisait à redire qu'il était un homme de néant. Le grand Condé, l'ayant un jour rencontré au Louvre, lui dit de s'asseoir à côté de lui. « Excusez-moi, Monseigneur, reprit l'apôtre de l'humilité, ce n'est déjà que trop d'honneur que Votre Altesse me souffre en sa présence; mais je ne suis que le fils d'un pauvre paysan. — L'homme s'ennoblit par ses vertus, » répondit le prince.

Un matin, le procureur de Saint-Lazare, ne sachant plus où trouver de quoi faire face aux dépenses de la maison, entre, d'un air sombre, dans la cellule de Vincent de Paul, et lui dit d'un ton sec : « Monsieur, je n'ai plus le sou. — Oh ! la bonne nouvelle ! s'écrie alors le saint. Que Dieu soit béni ! C'est maintenant que nous pourrons faire paraître si nous nous fions à la Providence. »

Et combien d'autres traits semblables de foi, de confiance en Dieu, d'humilité, de charité chrétienne, ne pourrions-nous puiser encore dans cette vie de Vincent de Paul, si bien faite pour ravir notre âme d'admiration et d'amour !

CHAPITRE II.

LES DAMES DE CHARITÉ.

Nous venons de retracer avec une simplicité digne de l'humble bienfaiteur de son siècle et des races futures quelques-uns des principaux traits de la vie de Vincent de Paul, de cet homme non moins admirable dans l'exercice que dans les succès de sa miséricorde; qui, tourmenté de la passion de faire des heureux, entreprit à la fois de déclarer la guerre à tous les vices, de porter du secours à toutes les infortunes; se dévoua tour à tour à la gloire des temples, à l'entretien des chaumières; que l'on vit à la fois le missionnaire des campagnes, l'oracle des pontifes, le catéchiste des enfants, le législateur du clergé, le protecteur des églises. Non content de secourir des familles sans nombre et des paroisses entières, nous avons vu sa charité infatigable nourrir et soulager jusqu'à des États.

Ainsi des mains d'un pauvre prêtre sont sorties à grands flots des largesses plus que royales. Non-seulement toute la France, mais la Lorraine, l'Irlande, la Pologne, l'Italie, Tunis, Alger, Madagascar réclamaient à grands cris des secours et des consolations. Quelles aumônes, quels miracles pouvaient parer à tant de calamités? qui pouvait, dans ce but, réunir assez de force, de courage, de puissance, de richesses? Un simple prêtre, Vincent! Son zèle intrépide, sa charité active ont constamment lutté contre tous les éléments et les fléaux conjurés. Et sa grande âme, embrassant à la fois le présent et l'avenir, a tout vaincu, tout surmonté, et assis les fondements d'une gloire impérissable.

Malgré cette admirable facilité à saisir les objets les plus disparates, à se livrer aux travaux les plus opposés, à passer des uns aux autres sans confusion dans leur multitude, sans embarras dans leurs difficultés, Vincent de Paul n'aurait pu sans doute accomplir seul toutes les œuvres qu'il a faites. Quel tribut de reconnaissance ne devons-nous donc pas à ces hommes apostoliques, martyrs de la miséricorde ; à ces dames chrétiennes, honneur de leur siècle, par l'incomparable vertu desquels se sont opérées tant et de si grandes choses !

En leur rappelant le devoir de leur état, Vincent de Paul avait dit à ses missionnaires : « Votre mission est une situation conforme aux maximes de l'Évangile, qui consistent à tout abandonner, à tout quitter pour suivre Jésus-Christ ; car y a-t-il rien de plus chrétien que de s'en aller de village en village pour aider le pauvre peuple dans ses misères ? Voilà que j'ai été obligé de coucher sur la paille, et pourquoi ? pour faire aller les âmes en paradis par l'instruction et la souffrance : n'est-ce pas suivre les avis de Notre-Seigneur ? Lui-même ne s'est-il pas abaissé jusqu'à se revêtir d'une enveloppe mortelle ? Voulons-nous profiter de sa doctrine, travaillons à l'humilité ; car plus quelqu'un sera humble, plus il sera charitable envers le prochain : le paradis du missionnaire, c'est la charité ; or la charité, c'est l'âme des vertus. »

Aussi suivons les missionnaires de Vincent, mettant en pratique dans leurs héroïques travaux ces admirables enseignements de leur maître ; voyons-les renoncer au repos, franchir les mers, des déserts immenses, pour se faire entendre à des hommes pour lesquels est muet tout le spectacle de l'univers ; voyons-les réunir leurs familles errantes, les chercher au fond des forêts, les suivre au plus haut des monts, les atteindre à travers les abîmes, les fixer malgré leur inconstance, les adoucir malgré leur barbarie, leur créer à la fois un cœur, une âme, une morale, un culte, une patrie : et tous ces étonnants efforts de magnanimité et de constance, sans aucun retour d'intérêt, sans autre aiguillon que la soif du bonheur des hommes… Voilà, voilà les dignes enfants de Vincent de Paul.

Et vous, nobles dames, pieuses chrétiennes, femmes héroïques, qui eûtes tant de part aux bienfaits du père des pauvres, et possédez tant de droits à sa gloire immortelle, faut-il vous représenter renonçant à toutes les douceurs de la vie, sacrifiant vos richesses, votre existence, vos veilles, jusqu'à votre santé, aux besoins de l'humanité souffrante, et succombant presque toujours sous le fardeau de vos bonnes œuvres? Vous suivrai-je pas à pas au milieu des pauvres, des infirmes, des prisonniers, des enfants délaissés, des vieillards débiles, des mères désolées? Non, cette tâche serait au-dessus de mes forces; je citerai vos noms, je ne redirai qu'un petit nombre de vos bienfaits, et le siècle vous bénira.

MADEMOISELLE DE MARILLAC.

La fondation des premiers grands établissements de charité date, ainsi que nous l'avons déjà dit, de la mission que fit Vincent de Paul à Châtillon; depuis lors il avait établi des confréries de la Charité partout où il avait pu. Mais comme ni lui, ni ses prêtres, accablés sous le poids de leurs travaux, ne pouvaient guère les visiter, il était à craindre que le premier élan d'une association si utile ne se refroidît insensiblement, et que les pauvres ne retombassent dans ce premier état d'où l'on avait eu tant de peine à les tirer.

Le saint prêtre souhaitait donc ardemment que la Providence lui suscitât quelque dame charitable, propre à parcourir les campagnes, à soutenir les personnes dont ces confréries étaient composées, à les façonner au service des malades, à entretenir parmi eux l'esprit de miséricorde.

Dieu ne tarda pas à exaucer les vœux de son serviteur. A peine était-il entré au collége des Bons-Enfants, que Mme Legras, de l'illustre famille des Marillac, et qui venait de perdre son mari, prit, sans le connaître, une maison peu distante de la sienne. Longtemps cette dame avait été sous la direction de l'évêque de Belley; mais le temps de M. Pierre Camus se trouvant absorbé par les intérêts de son diocèse, il ne tarda pas à confier sa vertueuse pénitente à Vincent de Paul.

Versée dès sa jeunesse dans les sciences les plus élevées, Mme Legras avait tenu plus tard un haut rang dans le monde, mais Dieu l'avait éprouvée par de poignantes douleurs; elle se sentit donc pressée du besoin de se donner tout entière aux pauvres, et fit part de sa résolution à Vincent, qui, frappé de la constance de sa volonté, crut y voir un signe de la volonté divine et accepta le pieux secours que lui offrait Mlle de Marillac.

La grâce eut bientôt inculqué à la nouvelle élue des leçons que ne savaient donner les plus grands maîtres; dans l'espace de peu d'années, la même femme qui jadis brillait à la cour avait fini par mériter désormais le glorieux surnom de mère des pauvres, leur rendant tous les offices de la plus humble charité, les visitant sans éprouver la moindre répugnance, quelle que fût la nature de leurs maladies; leur présentant elle-même la nourriture dont ils avaient besoin, faisant leur lit avec plus de zèle que la servante à gages la plus dévouée, les consolant par des paroles pleines de douceur, enfin même les ensevelissant après leur mort.

Mais ce n'était point assez d'avoir jugé Mme Legras digne d'être associée à ses grands desseins ; Vincent, toujours en garde contre les démarches précipitées, fit durer son épreuve pendant quatre ans. Ce long noviciat ne servit qu'à établir plus fortement encore Mme Legras dans sa vocation ; en effet, partout où paraissait cette dame, animant les confréries de la Charité de ses paroles et de ses exemples, elle portait la bénédiction avec elle. Toujours infatigable, ce n'était pas seulement le corps qu'elle voulait soulager, mais l'âme aussi qu'elle entourait de son amour et de tous ses soins. Maîtresse d'école, elle catéchisait les plus petites filles, encourageait de ses conseils les institutrices chargées de les instruire. Et quelle ardeur elle y mettait ! avec quelle joie elle apportait à son directeur la bonne nouvelle de quelque âme de plus préservée de la corruption et de la misère !

Vincent de Paul reconnut donc qu'il était temps de mettre décidément Mme Legras à l'œuvre, et que la charité n'avait pas de ministère, quelque rebutant qu'il fût, dont cette dame ne se sentît capable. En conséquence il lui proposa, dès l'année 1629, d'entreprendre la visite des divers diocèses où l'on avait établi des assemblées de Charité, afin de les examiner, les améliorer, en fonder de nouvelles, pour faire en un mot tout ce qu'elle jugerait utile au bien des malades.

La pieuse veuve obéit à la voix de Vincent, comme elle eût obéi à celle de Dieu même. Munie d'une instruction écrite par son directeur, qui lui prescrivait comme elle devait s'y prendre pour instruire les pauvres gens et les petites filles, elle partit accompagnée de quelques autres dames charitables, choisissant de préférence, pour ses voyages, les voitures les plus incommodes; elle voulait vivre et coucher le plus pauvrement possible, pour prendre ainsi plus de part à la misère des pauvres.

Appliquée pendant plusieurs années consécutives à ces exercices de charité, elle parcourut tour à tour les diocèses de Soissons, de Beauvais, de Meaux, de Senlis, de Chartres et de Châlons; partout ses pas étaient marqués par des bienfaits ; partout les bénédictions l'accompagnaient, de même que les dames et les sœurs qui la suivaient.

Arrivait-elle dans un village, aussitôt elle assemblait les femmes qui composaient l'association de la Charité, et leur donnait les instructions dont elles avaient besoin pour se bien acquitter de cet honorable emploi. Se trouvaient-elles en trop petite quantité pour en pouvoir supporter les charges, elle augmentait leur nombre, leur apprenait par son exemple à servir les malades les plus désespérés, renouvelait par ses aumônes leurs petits fonds, souvent bien épuisés; enfin, pour les mettre un peu plus à l'aise pour l'avenir, elle leur distribuait à ses frais le linge et les médicaments nécessaires au soulagement des pauvres et des malades.

Des entreprises si saintes et qui auraient fait honneur aux Paule, aux Fabiole, furent souvent traversées, soumises à de rudes épreuves ; et cependant, pour tempérer le feu de son activité, qui l'emportait de beaucoup sur la force de sa complexion, Vincent de Paul exhortait Mme Legras à se ménager pour l'amour de Notre-Seigneur et des pauvres. On peut dire que pendant tout le cours de sa vie (et ce fut pendant trente années consécutives que Mme Legras accomplit tous les jours les pieux devoirs qu'elle s'était imposés) rien n'échappa à la tendre sollicitude de cette sainte dame, ni les pauvres, ni les malades, ni les insensés, ni les galériens eux-mêmes.

La preuve la plus étonnante de son zèle, c'est que de son vivant on comptait à Paris trente-quatre maisons de la congrégation des filles de la Charité, dont nous devons la regarder comme la fondatrice, conjointement avec Vincent de Paul, et qu'ensuite il en subsista plus de trois cents, tant en France qu'en Pologne et dans les Pays-Bas.

Toujours rempli de cet esprit de charité qui ne meurt point, Vincent de Paul avait conçu le sublime projet de donner à chaque misère un asile assuré, et de perpétuer ainsi les monuments de sa miséricorde ; des aumônes passagères et des secours qui fussent morts avec lui ne suffisaient point à son cœur ; il voulait donner à tout le bien qu'il faisait une activité durable et féconde, lutter pour ainsi dire de force avec le temps, et assurer, autant qu'il était en lui, jusqu'aux derniers âges, le bonheur de ses semblables. Son active prévoyance embrassait la postérité la plus reculée : aussi de combien d'établissements ne fut-il pas le fondateur, le réparateur ou le conservateur !

Ici ce sont des malheureux forçats dont il adoucit la misère ; là, des berceaux qu'il prépare à l'enfance ; plus loin, une retraite qu'il assure à des vieillards, un asile qu'il offre à l'innocence, un refuge qu'il ménage au repentir ; partout des temples à l'humanité.

Nous voyons dans la capitale s'élever tour à tour à sa voix mille asiles tutélaires : les filles orphelines, les filles de la Madeleine, la maison de la Providence, celle de l'Union Chrétienne, celle de la Propagation de la Foi, celle des filles de Sainte-Geneviève et des filles de la Croix.

Quel est donc cet homme extraordinaire qui entreprend tout ce qu'il veut, qui exécute tout ce qu'il entreprend, qui éternise tout ce qu'il exécute? On ne saurait faire un pas dans Paris sans rencontrer l'empreinte de sa charité; si les langues pouvaient jamais se taire, les pierres parleraient pour sa gloire et pour son triomphe.

Mais reprenons le fil de notre narration.

MONASTÈRE DE LA MADELEINE.

Pendant que Mme Legras outrait, en quelque sorte, tous les devoirs du christianisme, Vincent ne restait pas inactif. La marquise de Maignelai, qui saisissait volontiers toutes les occasions de faire honorer Dieu, avait, en 1618, fondé une maison de retraite pour arrêter le désordre des personnes de son sexe. Il s'en présenta en peu de temps un grand nombre qui parurent charmées de trouver un port assuré après le naufrage. Mais on reconnut alors qu'il manquait à cet établissement une personne capable de le bien diriger.

Vincent, à qui l'on eut recours après douze ans d'essais inutiles, destina quatre religieuses de la

Visitation à remplir les premières places du monastère de la Madeleine. Les filles de saint François de Sales, que les peines de ce nouvel emploi avaient beaucoup effrayées, s'en acquittèrent avec leur zèle et leur capacité ordinaires. Elles gagnèrent les cœurs par la douceur et les attentions qui caractérisaient leur institut, et réglèrent même si bien cette communauté, qu'elle produisit par la suite celles de Rouen et de Bordeaux. Il est vrai que le saint prêtre les seconda beaucoup dans cette bonne œuvre; mais le zèle et les travaux de ces vertueuses dames n'en étaient pas moins estimables : un enfant ne perd rien de sa gloire pour la partager avec son père.

Vincent était le père et le tuteur des pauvres; tous leurs besoins étaient des besoins pour son cœur; mais seul, qu'aurait-il pu faire pour les soulager? Il eut donc l'heureuse idée d'intéresser ce sexe faible que le Ciel semble avoir créé pour la sensibilité, et qui, de sa faiblesse même, tire le plus puissant ressort de sa commisération et de sa pitié. Il réunit autour de lui tout ce qu'il y avait de plus pur et de plus zélé parmi les femmes chrétiennes; il en forme des assemblées de charité dont il n'avait trouvé nulle part le modèle.

C'est là que, sous les auspices de Vincent, s'agitaient les grands intérêts de l'humanité; là que toujours sûr d'être écouté, le pauvre venait plaider sa cause. Fallait-il recueillir des orphelins, racheter des captifs ou doter des vierges; fournir du travail à l'industrie indigente, établir une école champêtre, soutenir un hôpital chancelant, réparer les pertes occasionnées par un naufrage ou par la rigueur des saisons, relever une chaumière dévorée par les flammes, ou bien secourir une famille sur le penchant de sa ruine; de là, comme du centre de la charité, Vincent dirigeait tout, pourvoyait à tout.

RESTAURATION DE L'HÔTEL-DIEU DE PARIS.

Ne pensez pas cependant que ces nouvelles Paules, ces nouvelles Marcelles qu'excitait le saint prêtre, se signalassent seulement par leurs abondantes aumônes. Vincent leur disait si souvent qu'il fallait servir Dieu aux dépens de leurs bras, à la sueur de leur visage, que nulle fatigue ne leur coûtait, nul service ne les effrayait, dès que la charité réclamait et leurs soins et leurs peines.

Qu'il est beau surtout de contempler cette héroïque confédération de plus de deux cents dames illustres qui, munies du code de charité que leur trace Vincent de Paul, prennent pour théâtre de leur zèle l'Hôtel-Dieu de Paris; formant le généreux dessein d'en extirper tous les abus, d'en rétablir la discipline, et de faire de ce séjour, alors si redoutable pour le pauvre, le doux espoir de sa misère, l'heureux terme de ses vieux jours! Le ciel sans doute se réjouit, comme la terre fut étonnée à ce spectacle de tant de femmes fortes, visitant de rang en rang les lits de langueur, humiliant leur âme devant les pauvres et les infirmes, se disputant à qui serait la plus active et la plus compatissante, et, nobles rivales des vierges sacrées, mêlant à tous les secours de l'humanité toutes les consolations du christianisme.

Cette restauration de l'Hôtel-Dieu est un événement d'une trop haute importance pour n'en point parler avec détails ; en voici l'origine.

Au retour d'un voyage où Vincent avait visité les religieuses de Sainte-Ursule, madame la présidente Goussault vint lui proposer une bonne œuvre qu'elle méditait depuis longtemps. C'était une femme d'une éminente charité. Riche et belle, le monde lui offrait dans un second mariage tout ce qui pouvait flatter une personne de sa condition ; mais chez elle la grâce fut plus forte que les séductions d'une vie mondaine. Jésus-Christ, pauvre et souffrant dans les pauvres, fut le seul époux que voulut se choisir la présidente. Elle n'y perdit rien, et les pauvres y gagnèrent.

Ceux qu'elle voyait le plus souvent étaient les malades de l'Hôtel-Dieu ; ils devinrent aussi l'objet de la visite qu'elle fit à saint Vincent de Paul. Elle représenta au saint prêtre que ce vaste hôpital méritait une attention particulière ; qu'il y passait tous les ans environ vingt-cinq mille personnes de tout âge, de tout sexe, de tout pays, de toute religion ; que par conséquent on y ferait un bien infini, si tout s'y trouvait réglé convenablement ; qu'il s'en fallait de beaucoup que cela fût ainsi, et qu'elle avait la conviction personnelle que les pauvres y manquaient de bien des secours spirituels et temporels.

Vincent savait bien qu'il ne régnait pas à l'Hôtel-Dieu l'ordre qu'on y pouvait désirer ; mais il savait aussi qu'il est des maux qu'il faut souffrir, et que de ce nombre sont ceux qu'on ne peut arrêter sans s'exposer à en causer de plus grands ; aussi se contenta-t-il de répondre à la présidente que cette maison était gouvernée par des administrateurs qu'il estimait très-sages, et qu'il n'avait ni caractère, ni autorité pour empêcher les abus qui pouvaient se rencontrer là comme partout ailleurs.

Ce discours était judicieux ; mais comme il ne remédiait à rien, le zèle de Mme Goussault n'en fut pas satisfait ; elle fit de nouvelles tentatives non moins infructueuses que la première.

Ce que fait l'amour du monde dans le cœur d'une femme qui en est possédée, l'amour de Dieu le fait plus aisément encore dans le cœur de ces femmes vertueuses qui ne respirent que sa gloire. Mme Goussault persista donc plus que jamais pour que son projet fût exécuté, et, qui plus est, par Vincent lui-même, parce qu'alors elle ne doutait plus du succès.

Dans cette vue, elle alla trouver l'archevêque de Paris, et lui parla d'une manière si pressante, que ce prélat fit savoir au saint prêtre qu'il lui ferait plaisir en entreprenant cette bonne œuvre. Vincent, ne doutant plus alors de la volonté de Dieu, invita quelques femmes de condition et de vertu à se rendre chez la présidente. Les dames de Ville-Savin, de Bailleul, du Mecq, de Sainctot et de Pollaillon s'y trouvèrent. Le saint ouvrit l'assemblée par un discours si énergique, il développa si bien l'importance de l'entreprise qu'il proposait, que toutes ces dames promirent de la prendre en considération.

Une seconde assemblée fut provoquée par les soins du serviteur de Dieu; elle fut encore plus nombreuse que la première : Élisabeth d'Aligre, chancelière de France, s'y rendit avec Anne Pétan de Traversai, et l'illustre Marie Fouquet de Belle-Isle. Celle-ci s'est fait un nom immortel par son attachement à Dieu, par sa tendresse pour les pauvres, par sa soumission aux ordres les plus rigoureux de la Providence ; et jamais on n'oubliera qu'au moment même où elle apprit l'humiliante disgrâce de son fils, le surintendant des finances, elle prononça aux pieds du souverain maître ces paroles qui feront son éloge dans tous les siècles : « Je vous remercie, ô mon Dieu ; je vous ai toujours demandé le salut de mon fils ; en voilà le chemin. »

On procéda dans cette assemblée à l'élection d'une supérieure, d'une assistante et d'une trésorière. La présidente Goussault méritait bien d'être et fut en effet supérieure de la nouvelle compagnie, et Vincent en fut nommé directeur perpétuel. En peu d'années, cette fondation devint si florissante, qu'on y comptait plus de deux cents dames, dont quelques-unes, comme la duchesse de Mantoue, étaient nées pour porter le diadème. Vincent leur prescrivit des règles dont il fut convenu qu'on ne s'écarterait pas.

Comme il avait le coup d'œil admirable, et qu'il envisageait les choses dans toute leur étendue, il remarqua qu'il s'agissait 1° de faire le bien, sans reprocher à ceux qui en étaient chargés de l'avoir omis ; 2° de le faire à la vue de tous ceux qui voudraient en être témoins ; 3° enfin, de le faire à des infirmes, souvent plus à plaindre du côté de l'âme que du côté du corps.

Ce projet fut exécuté de tous points, et il réussit. Ces dames, par leurs manières aimables et douces, gagnèrent le cœur des religieuses de la maison. Elles eurent toute liberté de parcourir les salles pour consoler les pauvres, leur parler de Dieu, les porter à faire un bon usage de leurs infirmités. Elles les disposaient à de bonnes confessions, en ne faisant que leur raconter, en quelque sorte, la manière dont on les y avait disposées elles-mêmes. A ces secours, qui regardaient l'âme, on joignait des douceurs pour le corps. Chaque jour, les filles de la Charité, dans une maison qui fut louée tout exprès dans le voi-

5

sinage, préparaient, pour un millier de malades, des biscuits, des confitures, de la gelée, des fruits même, selon la saison et le degré de leur convalescence.

On n'est capable de ces attentions que lorsqu'on regarde les pauvres comme ses enfants, et on ne les regarde comme tels que lorsqu'une foi vive les fait envisager comme l'image d'un Dieu chargé de nos infirmités.

Le spectacle d'un nombre de dames de la première condition, qui tour à tour s'acquittaient de ces exercices de charité avec une attention et des grâces dont les domestiques ne sont pas capables; ce spectacle, dis-je, attendrit le peuple et la noblesse. Les pauvres, qui y avaient plus de part que personne, en furent vivement touchés; et s'il est permis de juger de la plus grande amélioration des mœurs par les conversions qui se font en matière de religion, on peut se prêter aux plus favorables conjectures, puisque, dans le cours d'une seule année, qui fut celle-là même où cette bonne œuvre commença, plus de sept cents malades ou prisonniers, tant Turcs que calvinistes et luthériens, embrassèrent la foi catholique.

On était même si persuadé dans Paris qu'il y avait une bénédiction toute particulière attachée aux travaux de ces pieuses dames de charité, qu'une bourgeoise demanda à être reçue à l'Hôtel-Dieu, en payant très-largement sa dépense, à condition qu'elle y serait assistée comme l'étaient les pauvres de la maison.

LES FILLES DE LA PROVIDENCE.

Le zèle ardent de quelques nobles dames s'exerçait encore particulièrement de la manière la plus édifiante. C'est ainsi que Marie de Lumagne, veuve de François Pollaillon, conseiller du roi, établit la communauté des filles de la Providence. Cette pieuse dame, élevée depuis longtemps à l'école de Vincent de Paul, y avait appris à exercer les plus solides vertus du christianisme. Ce fut avec ces heureuses dispositions que, bien qu'elle n'eût presque d'autres ressources que celles de la Providence, elle entreprit de donner un asile aux jeunes personnes de son sexe à qui la beauté, l'indigence ou le mauvais exemple de leurs parents pouvaient être une occasion de se perdre devant Dieu et devant les hommes.

François de Gondi, archevêque de Paris, voulut, avant d'approuver ce nouvel établissement, savoir ce que notre saint en pensait. Par son ordre, Vincent y fit deux visites régulières; et, de trente filles qui le composaient alors, il en choisit sept qui lui parurent les plus propres à servir de base à tout l'édifice. Il les dirigea par des avis dignes d'elles et de lui; et quatre ans après, c'est-à-dire en 1651, il obtint pour elles, d'Anne d'Autriche, l'hôpital de la Santé, qui est encore aujourd'hui le lieu de leur résidence. L'esprit de Vincent de Paul, qui en fut le premier supérieur, se perpétue dans la maison de la Providence. On s'y fait un honneur d'imiter ses vertus, et l'on y publie avec plaisir que les filles de la Providence ne doivent pas moins au saint prêtre qu'à la vertueuse Pollaillon, leur institutrice.

MAISON DES ORPHELINES.

A quelque temps de là, Mlle de Létang fonda la maison des Orphelines. Vincent, qui venait de réunir en un seul corps les communautés de l'Union Chrétienne et de la Propagation de la Foi, ne montra pas un intérêt moins vif pour cette dernière fondation. Il la secourut dans ses plus grands besoins; mais en même temps il avertit Mlle de Létang de choisir dans sa communauté, alors composée de deux cents filles, trois ou quatre des plus intelligentes, de partager avec elles le poids des affaires, et surtout de regarder comme un grand mal le désir de faire tout par elle-même.

LES FILLES DE SAINTE-GENEVIÈVE.

Passons à la fondation des filles de Sainte-Geneviève.

Trois demoiselles, qui avaient du penchant à vivre en commun et à s'associer les personnes de leur sexe qui penseraient comme elles, crurent, pour éviter de fausses démarches, ne devoir rien faire sans avoir consulté Vincent de Paul. Celui-ci leur annonça que Dieu voulait se servir d'elles pour donner à son Église une nouvelle compagnie; que Notre-Seigneur en tirerait sa gloire, et le peuple un grand secours.

Le temps a prouvé que Dieu parlait par la bouche de son ministre. Ces filles se réunirent, dans la suite, à celles qu'on appelait *Miramiones*, consacrées spécialement au service des malades, dont Mme de Miramion était fondatrice et première supérieure générale; elles firent avec elles un saint commerce de vertus.

LES FILLES DE LA CROIX.

L'établissement des filles de la Croix eut l'origine suivante. L'insolence d'un maître qui avait osé faire outrage à l'une de ses écolières, ayant fait connaître que de jeunes filles ne sont jamais sûrement placées qu'entre les mains des personnes de leur sexe, on se proposa d'en réunir quelques-unes qui eussent assez de résolution pour entreprendre cette bonne œuvre. Il s'en présenta quatre à Roye en Picardie, où le scandale était arrivé ; mais la guerre et leurs propres affaires les ayant obligées de se retirer à Paris, Marie L'Huillier de Villeneuve les reçut avec bonté, et fit de leurs talents un essai qui intéressa vivement à leur pieuse entreprise.

Vincent, que cette dame ne manqua pas de consulter, l'encouragea dans son dessein, et lui apprit à instruire ces filles de manière à ce qu'elles en pussent former d'autres à leur tour. L'archevêque de Paris approuva leur constitution, et elles prirent le nom de filles de la Croix, par allusion aux traverses qu'elles avaient essuyées ; mais ce qu'elles avaient déjà souffert n'était que le prélude des peines qui étaient réservées à leur vertu. Mme de Villeneuve, à qui ses longues infirmités n'avaient pas permis de consolider suffisamment leur fondation, vint à mourir le 13 janvier 1650, dans un moment fort critique pour elles ; alors les personnes qui avaient pris jusque-là le plus de part à leur sort furent d'avis qu'on les supprimât, ou du moins qu'on les réunît à quelque autre communauté.

Vincent de Paul soutint, contre l'avis de tous, qu'il fallait tout mettre en œuvre pour faire subsister ce saint établissement. « C'est l'ouvrage de Dieu, disait-il, il ne faut pas le détruire : cette communauté n'est aujourd'hui composée que de cinq filles ; mais leur nombre se multipliera. Le ruisseau est faible ; mais il recevra des eaux qui le rendront plus abondant. »

Ces paroles, eu égard aux circonstances dans lesquelles Vincent les prononça, parurent si peu vraisemblables, qu'on eut peine à croire qu'elles ne fussent pas démenties par l'événement ; mais elles ne tardèrent pas à se vérifier. Le saint prêtre, qui, en soutenant contre tous ce nouvel établissement, s'en trouvait chargé plus que personne, engagea Mme de Traversai à prendre part à cette bonne œuvre ; cette dame s'y livra tout entière. Elle surmonta par sa patience, par son crédit, par le secours de l'homme de Dieu, les obstacles qui l'arrêtaient à chaque pas. Peu à peu l'on reconnut que cet arbre, trop longtemps battu des vents, produirait des fruits de salut. Les filles de la Croix contribuent encore tous les jours à la sanctification d'un grand nombre d'âmes.

HOSPICE DES ENFANTS-TROUVÉS.

Ce n'était point assez pour nos héroïnes chrétiennes d'avoir fondé tant d'établissements utiles aux malheureux ; il leur restait encore une bien plus grande œuvre de charité à accomplir. Paris, dont l'immense étendue renferme plus d'un million d'habitants, réunit dans son sein tous les extrêmes : l'opulence y marche à côté de la misère ; la vertu s'y coudoie avec le crime ; les joies du théâtre s'y confondent avec les larmes de la pénitence, la pureté la plus austère avec la licence la plus effrénée. De ce libertinage, et quelquefois aussi de la pauvreté seule, naissaient chaque année une multitude d'enfants qui, à cette époque, perdaient la vie avant de l'avoir connue, ou ne la connaissaient que pour en éprouver toutes les rigueurs. On les exposait à la porte des églises ou dans les places publiques. Sans doute, la police les faisait enlever ; mais ce service était presque le seul qu'on rendît à ces enfants. On les déposait chez une veuve de la rue Saint-Landri, en la Cité, qui, aidée de deux servantes, se chargeait du soin de les élever.

Mais comme ces enfants étaient en grand nombre et que les charités étaient bien médiocres, cette femme, faute de nourriture et de moyens, les laissait mourir de langueur. Souvent même les servantes, pour se délivrer de l'importunité de leurs cris, les endormaient par un breuvage qui abrégeait leurs jours. Ainsi donc, exposés dans les places publiques et vendus à vil prix, confiés à des mains mercenaires qui les destinaient à des usages inhumains, souvent ensevelis tout palpitants encore, ou sinon abandonnés au hasard, ces pauvres petits innocents périssaient inévitablement de faim et de misère.

Comment une police inactive tolérait-elle de semblables malheurs ou de pareils crimes ? Comment l'humanité n'en était-elle pas indignée ? Comment la religion ne les foudroyait-elle pas de tous ses anathèmes? Comment, intéressée elle-même à recueillir tous ces milliers d'infortunés, la patrie les voyait-elle avec tant d'indifférence?

Un état de choses si déplorable brisa le cœur de Vincent de Paul : il ne put voir sans frémir l'horrible destinée de tant d'innocentes créatures; mais la difficulté était d'y apporter du remède. Vincent fut assez charitable pour le tenter, assez heureux pour en venir à bout. Il se donna pour ces pauvres enfants un cœur plus tendre mille fois que le cœur de leurs mères; tandis que l'humanité et la nature ne parlaient plus, il sut leur créer mille mères nourricières. Il pria d'abord quelques dames de son assemblée de se transporter sur les lieux, et de voir si l'on ne pourrait pas arrêter ou du moins diminuer un si grand mal.

Ces dames furent effrayées du spectacle qu'offrit à leurs yeux cette multitude d'enfants abandonnés. Elles ne pouvaient se charger de tous, elles voulurent au moins en prendre quelques-uns pour leur sauver la vie. Afin d'honorer la Providence, dont on ignorait les desseins, elles en tirèrent douze au sort. On loua en 1638, une maison à la porte Saint-Victor pour les loger, et Mme Legras, qui entrait dans toutes les bonnes œuvres de son directeur, en prit soin avec les filles de la Charité.

Mais insensiblement le nombre de ces petits orphelins s'accrut, tant par la pitié de ces vertueuses dames que par la charité de Vincent de Paul. Que de fois ne le vit-on pas en effet, malgré son grand âge, parcourir de nuit les rues de la capitale, prêter une oreille attentive au moindre cri que pouvait faire entendre un de ces infortunés, relever celui qui s'offrait à ses yeux, le réchauffer dans ses vêtements, et l'apporter ainsi à l'hospice ! Ce fait est consigné d'ailleurs dans certain journal de l'établissement, tenu jour par jour, par les dames de la Charité ; on y lit ce qui suit, à la date des 22, 25 et 26 janvier.

« 22 janvier. — M. Vincent est arrivé vers les 11 heures du soir ; il nous a apporté deux enfants; l'un peut avoir six jours ; l'autre est plus âgé ; ils pleuraient, les pauvres petits ! Mme la supérieure les a confiés à des nourrices.

« 25 janvier.—Les rues sont remplies de neige; nous attendons M. Vincent, il n'est pas venu ce soir.

« 26 janvier. — Le pauvre M. Vincent est transi de froid ; il nous arrive avec un enfant ; mais il est déjà sevré , celui-là ; cela fait pitié de le voir ; il a des cheveux blonds , une marque sur le bras. Mon Dieu ! mon Dieu ! qu'il faut avoir le cœur dur pour abandonner ainsi une pauvre petite créature. »

De leur côté, les dames de Charité recueillaient aussi de temps en temps quelques enfants. La différence de situation de ces derniers avec ceux qui restaient à Saint-Landry attendrissait en faveur de ceux qu'on était obligé d'y laisser ; mais il n'était pas possible de les adopter tous, et la plus vive charité veut que l'on consulte ses forces. Cependant on conjurait Dieu d'ouvrir le trésor de sa miséricorde et d'aplanir les voies d'une entreprise qui paraissait plus nécessaire encore qu'elle ne semblait difficile.

Après bien des conférences, on tint au commencement de l'année 1640 une assemblée générale. Le saint prêtre y rappela d'une manière si touchante les besoins des pauvres orphelins et la gloire qui reviendrait à Dieu de l'éducation chrétienne qu'on pourrait leur donner, que toutes les dames qui étaient présentes résolurent de s'en charger. Mais douze à quatorze cents livres composaient alors tout le fonds sur lequel on pouvait compter, tandis qu'une pareille œuvre, pour être accomplie d'une manière satisfaisante, nécessitait des sommes immenses.

Vincent voulut qu'on n'entreprît rien que sous forme d'essai; il ôtait par ce moyen à ces vertueuses dames toute occasion de se repentir d'avoir écouté avec trop d'irréflexion un premier mouvement d'humanité.

En même temps, pour leur épargner une partie de la dépense, en outre de l'argent qu'il fournissait lui-même, selon sa coutume, il plaça sous les yeux d'Anne d'Autriche le triste tableau qu'offraient les enfants trouvés, et, par l'intervention de cette auguste princesse, il leur obtint du roi douze mille livres de rente. Avec ce secours il organisa l'administration intérieure de l'hospice d'une manière admirable, et l'établissement se soutint pendant plusieurs années; mais les besoins survenus en Lorraine, la crainte d'une révolution dans l'État, que le murmure et les factions commençaient à faire entrevoir ; le nombre de ces enfants qui croissait tous les jours, et dont l'entretien coûtait au delà de quarante mille livres ; toutes ces considérations qui n'étaient que trop puissantes amortirent enfin le courage des dames de Charité. Elles dirent, comme de concert, qu'une si excessive dépense surpassait toutes leurs forces, et qu'elles ne pouvaient plus la soutenir.

Ainsi ces femmes généreuses, dont Vincent avait été jusqu'ici plus occupé de modérer que d'exciter le zèle, se repentent pour la première fois d'avoir trop entrepris ; pour la première fois ces grandes âmes lui échappent. Vincent lui-même, Vincent, accoutumé à tenter l'impossible, est d'abord ébranlé par les difficultés ; mais en même temps il frémit à l'idée du danger qui menace les orphelins. Sa constance ne se laissera donc pas abattre ; quand tout semble désespéré, c'est alors même qu'il va espérer. Plaçant toute sa confiance en Dieu, il prit le parti de convoquer une assemblée générale des dames de Charité. Les Marillac, les Traversai, les Miramion et vingt autres héroïnes chrétiennes, non moins respectables, s'y trouvèrent. Le saint mit d'abord en délibération si l'on continuerait la bonne œuvre qu'on avait commencée. Il convint bien que la société n'avait contracté aucun engagement, qu'en conséquence elle était libre de renoncer à cette grande entreprise; mais presque aussitôt il représenta que par ses soins charitables la société avait conservé déjà la vie à un très-grand nombre d'enfants, qui sans ce secours l'auraient perdue pour l'éternité; que ces innocents, apprenant à parler, avaient appris à connaître et à servir Dieu; que quelques-uns d'entre eux commençaient à travailler et à se mettre en état de n'être plus à charge à personne; que de pareils succès ne présageaient que des résultats plus heureux encore.

Ensuite Vincent parla du sort futur des enfants trouvés en termes les plus touchants, fit un tableau déchirant de l'avenir qui les attendait; puis tout à coup élevant la voix comme inspiré d'en haut, il termina son discours par la péroraison suivante :

«Or sus, Mesdames, la compassion et la charité vous ont fait adopter ces petites créatures pour vos enfants; vous avez été leurs mères selon la grâce, depuis que leurs mères selon la nature les ont abandonnés. Voyez maintenant si vous voulez les abandonner aussi ; cessez d'être leurs mères pour devenir leurs juges : leur vie et leur mort sont entre vos mains; je m'en vais prendre les voix; il est temps de prononcer leur arrêt et de savoir si vous ne voulez plus avoir de miséricorde pour eux. Ils vivront si vous continuez d'en prendre un charitable soin ; au contraire ils périront infailliblement, si vous les abandonnez : l'expérience ne vous permet pas d'en douter. »

Frappé d'une pareille alternative, et ne pouvant plus résister à la vertu qui parle en lui, on ne sait plus lui répondre que par des larmes. C'en est fait, Vincent de Paul a triomphé : toute son âme a passé dans les âmes de ses auditeurs ; l'œuvre de Dieu est soudain accomplie ; tous les orphelins sont recueillis sans distinction, sans réserve, et la fête de leur adoption est solennellement proclamée.

Qu'il était beau de contempler Vincent de Paul en cheveux blancs, recueillant dans ses bras ces innocentes créatures, les réchauffant contre son sein, se courbant sur eux, à l'exemple d'Élisée, et comme lui appliquant ses mains sur leurs mains, ses yeux sur leurs yeux, et, dans ces vives et douces étreintes, leur répétant ces paroles du prophète : « Quand même votre mère vous aurait abandonnés, moi je ne vous abandonnerai jamais! »

Ce fut par suite d'une résolution si digne de la charité des vertueuses dames qui la formaient, qu'on demanda au roi le château de Bicêtre, établi sous Louis XIII pour servir d'hôpital aux soldats invalides. On y transporta les enfants qui n'avaient plus besoin de nourrices; mais comme on reconnut que l'air y était trop vif pour eux, on leur acheta deux maisons à Paris, l'une dans le faubourg Saint-Antoine, où la reine-mère posa la première pierre de leur église, et l'autre près de la cathédrale.

A cette même époque, Mme Goussault fit un don considérable à ses petits protégés; son exemple eut beaucoup d'imitateurs; Louis XIV porta notamment leur pension à 40,000 livres; mais, nonobstant l'accroissement sensible de ces revenus, l'hospice des Enfants-Trouvés eut toujours quelque peine à subvenir à ses frais.

Le temps, qui efface peu à peu le souvenir des bienfaits ordinaires, ne saurait altérer jamais dans les enfants trouvés la mémoire du signalé service que Vincent leur a rendu ; leurs langues bégayantes ne se dénoueront jamais que pour chanter son nom et sa gloire.

L'HÔPITAL GÉNÉRAL DE PARIS.

Mais une œuvre plus grande encore, s'il est possible, était réservée à la piété de Vincent de Paul et des dames illustres dont il s'entourait. Quel est ce vaste monument dont le nom seul inspire également l'horreur et la pitié, qui tour à tour déchire l'âme et l'attendrit, où le malheur se reproduit sous les aspects les plus touchants, comme le vice sous ses formes les plus hideuses? A ces traits, qui ne reconnaît l'Hôpital général de Paris.

Ici sont renfermés ces imposteurs oisifs qui surprenaient la compassion publique ; là, ces hommes plus malheureux que coupables qu'a trompés l'infortune ou l'imprévoyance ; ici ces jeunes victimes de l'erreur qu'un moment de faiblesse a précipitées dans l'abîme; là, ces monstres de perversité qui ont perdu, par la longue habitude du crime, jusqu'à la triste consolation du remords; d'un côté ces furieux privés de la raison, privés même de l'instinct, qui se débattent dans leurs chaînes; de l'autre ces cadavres vivants tout couverts des plaies de l'opprobre, et montrant à l'œil effrayé jusqu'à quel point la corruption peu à peu se punit elle-même.

Vincent forme le dessein de rassembler en un seul lieu toutes les misères humaines, de délivrer à la fois l'humanité de ces spectacles affligeants; la société, de ces fardeaux dangereux; l'Etat, de ces membres dégradés. Une charité si grande, si merveilleuse, était digne des femmes incomparables qui l'entreprirent. Les noms des d'Aligre, des de Herse, des Traversai, des Lamoignon, des Fouquet, des Pollallion, des Miramion, des Marillac, des duchesses de Mantoue et d'Aiguillon, sont à jamais inséparables de celui du père des malheureux et des pauvres, du bienfaiteur de l'humanité.

La duchesse d'Aiguillon fut, entre toutes ces

pieuses dames, l'une de celles qui se signalèrent le plus par leurs libéralités. Elle vendit en une seule circonstance pour vingt-cinq mille livres de sa vaisselle d'argent, afin de loger avec décence, dans toutes les paroisses désolées par la guerre, Dieu caché, le seul objet légitime de la vraie religion. Elle engagea même en un seul jour par contrat cent quatre-vingt mille de fonds, parce qu'on l'avait assurée que dix mille livres de rentes feraient revenir la moitié des ecclésiastiques du royaume.

Cette illustre nièce du cardinal de Richelieu avait la passion des bonnes œuvres; jamais elle n'employa avec plus de zèle l'ascendant qu'elle avait sur l'esprit et le cœur de son oncle qu'en faveur des malheureux et des pauvres; elle était la première et la plus grande ressource de Vincent de Paul quand les fonds lui manquaient. C'est elle notamment qui le seconda le plus puissamment dans l'immense entreprise de l'Hôpital général.

Ainsi donc nous avons vu du temps de Vincent de Paul l'assemblée vénérable des dames de Charité préluder d'abord à des œuvres de bienfaisance immortelles par mille efforts généreux en faveur d'une multitude de pauvres, tant du royaume que des États voisins ; et ces efforts, quelque prodigieux qu'ils aient dû paraître, n'ont encore été que les avant-coureurs des biens immenses qui sont émanés d'elle.

C'est cette assemblée qui, sous la conduite de Vincent, a posé les fondements de l'hôpital de Saint-Remi ; c'est elle qui, par l'établissement de la maison de la Providence, a ouvert une retraite assurée à l'innocence malheureuse ; c'est elle qui a procuré un asile éternel aux enfants trouvés, qui a établi mille communautés, mille hospices, mille maisons de refuge ; qui a fondé, pour tout dire, l'Hôpital général : bienfait immense autant qu'inouï ; c'est enfin elle dont la charité a étendu son foyer régénérateur jusque dans l'Asie, dans l'Afrique, dans l'Amérique, où, par d'abondantes aumônes, elle a contribué à l'entretien des ministres de l'Évangile, à l'affermissement des nouveaux convertis, à la rédemption des captifs, à l'entretien de plusieurs églises, comme au succès des missionnaires dans le Tonquin et à la Chine.

Quelles bénédictions n'attendent pas dans la postérité la plus reculée de si belles actions, des travaux si évangéliques ?

Mais ne saurions-nous pas aussi trouver de nos jours des secondes Marillac, d'autres Miramion, de nouvelles d'Aiguillon, des âmes pieuses et charitables enfin qui se fissent un bonheur et même un devoir de secourir le malheur, de protéger l'innocence, de compatir à la misère ?.. Ah ! notre siècle est riche encore en bienfaisance, en humanité ! Combien d'établissements de bienfaisance, de fondations pieuses, d'institutions utiles ne possédons-nous pas au sein même de la capitale ? Que de dames non moins illustres par leur naissance, leur rang et leur fortune, ne voyons-nous pas placées, comme au temps de saint Vincent de Paul, à la tête de communautés respectables ?

Nous consacrerons plus loin quelques pages à ce sujet si digne d'intérêt. Nous jetterons un coup d'œil sur nos hospices, nos hôpitaux, nos sociétés de bienfaisance, et nous en dirons les bienfaits. Quant à présent, soyons tout à l'œuvre de Vincent de Paul.

CHAPITRE III.

LES FILLES DE LA CHARITÉ.

C'est en l'année 1633 que la congrégation des filles de la Charité fut instituée par Vincent de Paul ; voici pour quels motifs :

Il y avait dix-sept ans environ que le saint prêtre avait établi les confréries de la Charité en faveur des pauvres malades. Cette association ayant passé de la campagne dans les villes, bon nombre de dames de condition voulurent y être agrégées ; mais ce qui rendait ces assemblées plus brillantes contribua peu à peu à les rendre moins utiles. Les premières dames s'y étaient engagées par vocation ; la piété les portait à servir les pauvres en personne. Il n'en fut pas tout à fait ainsi de celles qui les remplacèrent : quelques-unes y entrèrent parce que c'était la mode ; d'autres, accoutumées à une vie molle et oisive, ne tardèrent pas à sentir que leurs forces ne répondaient ni à leur piété, ni à leur courage. Monter vingt fois par jour cinq et six étages devenait pour elles une fatigue qui ruinait leur santé. La majeure partie des autres oubliait les intérêts de leur propre conservation au milieu de leurs fonctions pieuses ; mais l'opposition constante que manifestaient leurs maris, dans la crainte qu'elles ne se trouvassent atteintes par le mauvais air ou la maladie, ne leur laissait pas la liberté dont elles avaient besoin. Ces dernières, ne voulant cependant pas abandonner tout à fait les malheureux qui réclamaient leur assistance, les confièrent aux soins de leurs domestiques, âmes le plus souvent vénales, manquant tout à la fois de sympathie et d'habileté ; aussi voyait-on dépérir de jour en jour un établissement si digne à tant de titres de la sollicitude de tous les amis de l'humanité.

Pour remédier à ce désordre, on jugea qu'il fallait avoir des servantes dont l'unique occupation fût de distribuer quotidiennement aux infirmes la nourriture et les secours qu'exigeaient leurs maladies. Ce projet était bien conçu ; mais pour l'exécuter il fallait, avant toutes choses, trouver des personnes qui voulussent s'y prêter ; il fallait encore, après les avoir trouvées, les former à un emploi qui demande beaucoup de capacité et de vertu, et plus de vertu encore que de capacité.

Mme Legras reconnut qu'il devenait urgent pour elle de s'adjoindre quelques filles robustes qui par piété voulussent bien partager ses travaux. Elle fit part de ses idées à Vincent ; celui-ci apprécia, du moins pour les villes, la nécessité qu'on lui faisait sentir ; il pensa qu'il serait possible de trouver ce qu'on cherchait dans les campagnes ; il se souvint que, dans le cours de ses missions, il avait souvent rencontré de bonnes filles peu portées au mariage et pleines du désir de se livrer à des œuvres charitables ; il se persuada qu'elles se feraient un vrai plaisir de se consacrer, pour l'amour de Dieu, au service des pauvres malades.

La Providence, qui favorisa toujours Vincent, parce que ce saint homme se reposa toujours sur elle, le servit en cette occasion comme dans toutes les autres. Dès les premières missions, qui se firent quelque temps après, on recueillit deux villageoises remplies de bonne volonté. L'une d'elles fut placée dans la paroisse Saint-Sauveur, l'autre dans celle de Saint-Benoît. Quelques autres se présentèrent plus tard ; on les distribua en diverses paroisses.

Mais ce premier résultat n'était qu'insuffisant encore. Ces filles, rassemblées de lieux différents et placées d'ailleurs isolément, n'avaient entre elles ni liaisons, ni correspondance. On ne pouvait leur donner que des avis passagers, dont elles tenaient souvent peu de compte ; de sorte que, lorsqu'il arrivait qu'on les déplaçât, on n'en avait point d'autres à leur substituer : les pauvres malades retombaient ainsi dans leur premier état.

Alors on sentit mieux que jamais que pour réussir il fallait posséder un nombre suffisant de filles de la Charité, et commencer par les façonner au service des malades, et plus encore aux exercices de la vie spirituelle, sans lesquels on pouvait prévoir qu'elles ne pourraient supporter longtemps une existence aussi pénible.

Après de nouveaux essais, Vincent fit choix d'un assez grand nombre de filles de la campagne, et pour les former aux saints travaux qu'elles devaient entreprendre, il les plaça sous la direction de Mme Legras ; celle-ci reçut ces paysannes dans sa propre maison, et ne négligea rien pour leur inspirer le zèle ardent qui l'animait.

Sous cette habile directrice, elles ne manquèrent pas de faire les progrès les plus rapides ; il faut avouer aussi qu'elles étaient parfaitement préparées aux plus pénibles fonctions de la charité. On reconnut bientôt les grands talents que Dieu avait donnés à la sainte veuve pour ce genre d'éducation.

Ces premières filles, que le pressant besoin

des pauvres ne lui permit pas de cultiver longtemps, édifièrent toutes les paroisses où on les envoya; leur modestie, leur douceur, leur empressement à servir les malades, la sainteté de leur vie charmèrent tout le monde. De si beaux exemples touchèrent plusieurs jeunes personnes de leur âge, qui vinrent s'offrir pour rendre, comme elles, leurs humbles services à Jésus-Christ dans la personne de ses pauvres.

Voilà quels furent les commencements de cette compagnie de vierges qui, sous le nom de *filles de la Charité*, a présentement jusqu'à trente-cinq maisons dans Paris. Aussi petite à sa naissance que le chêne, elle est, comme lui, devenue un grand arbre. Ses racines, nourries moins de la substance de la terre que de la rosée du ciel, se sont étendues dans toutes les parties de la France et jusqu'en Pologne. On a vu l'orphelin si longtemps abandonné, la veuve désolée, le soldat couvert de blessures, les pauvres honteux, les malades de toute espèce, respirer à l'ombre de ses branches salutaires, y trouver la nourriture, la santé, la vie.

Vincent et sa pieuse coopératrice n'avaient ni prévu, ni espéré des progrès si rapides. Leur intention n'avait d'abord été que d'aider dans les paroisses ceux des malades qui se trouvaient privés des secours nécessaires. Les desseins de Dieu s'étant manifestés dans la suite, le saint prêtre les chargea peu à peu de l'éducation des enfants trouvés, de l'instruction des jeunes filles, du soin d'un grand nombre d'hôpitaux, et même des criminels condamnés aux galères. Comme ces diverses occupations faisaient en quelque sorte d'une seule compagnie plusieurs communautés, le saint prêtre leur donna des règles générales et particulières pour le maintien du corps tout entier et ses différentes annexes.

Selon ces règles, qui ont toujours passé pour un chef-d'œuvre de sagesse, les filles de la Charité doivent, avant toutes choses, se bien convaincre que Dieu les a réunies pour honorer Jésus-Christ comme la source et le modèle de toute charité, et lui rendre, en la personne des pauvres vieillards, des enfants, des prisonniers, des malades, tous les services corporels ou spirituels dont elles sont capables; que, pour répondre à une vocation si sainte, elles doivent joindre les exercices de la vie spirituelle aux pratiques extérieures de la charité chrétienne; que, bien qu'elles ne soient ni ne puissent être religieuses, l'état de religion étant incompatible avec leurs emplois, elles doivent cependant mener une vie plus parfaite, s'il est possible, que celle des plus saintes religieuses, parce qu'elles sont beaucoup plus exposées; que, comme la pureté leur est indispensablement nécessaire, elles doivent écarter par les plus sévères précautions tout ce qui pourrait blesser les yeux de Dieu et du prochain, et leur vigilance sur elles-mêmes redoubler lorsque la charité les oblige à se répandre dans le monde, à y traiter les personnes d'un sexe différent, à soigner les malades et jusqu'aux moribonds.

Comme rien n'est plus propre à entretenir la vertu qu'une fidélité inviolable à tous les exercices d'une piété solide, elles ont, sous ce rapport, des règlements qui ne laissent rien à désirer et sont très-sévères, tout en paraissant exiger peu. On ne leur prescrit aucune des austérités du cloître. Leur grande pénitence doit être la vie commune. Se lever l'été et l'hiver à quatre heures du matin, faire deux fois par jour l'oraison mentale, vivre très-frugalement, n'user de vin que dans les cas de maladie, rendre aux malades les services les plus humbles, les veiller à tour de rôle durant les nuits entières, ne compter pour rien ni l'infection des hôpitaux, ni l'air empoisonné qu'on y respire, ni les horreurs de la mort; voilà le genre de mortification des filles de la Charité.

Pour ce qui est des exercices de piété, ils sont toujours subordonnés aux besoins du prochain. Au premier cri du pauvre, les filles de la Charité doivent voler à son secours. Mais, quelque zèle qu'elles apportent à procurer aux malades la santé du corps, elles doivent bien plus encore s'intéresser au salut de leurs âmes; il convient donc qu'elles s'efforcent de leur inspirer une sainte horreur de leurs péchés; que, s'il en est temps encore, elles les disposent à une confession entière de leurs misères; que, si le temps presse, elles les aident à concevoir une douleur sincère de leurs déréglements et une ferme résolution de mourir plutôt que d'y retomber jamais.

Ces règlements, après avoir été pratiqués pendant près de vingt années, furent approuvés par le cardinal de Retz, archevêque de Paris. Le roi confirma la fondation de l'établissement par des lettres patentes, monument éternel de sa piété.

La charité que Louis XIV admirait dans ces saintes filles mérita bientôt de plus grands éloges, non à raison de leurs fonctions restées toujours les mêmes, mais eu égard aux personnes qui les remplirent. Vincent avait cru d'abord qu'il n'y avait guère que des filles de basse condition qui pussent se résoudre à rendre par elles-mêmes à toutes sortes de malades les services les plus rebutants ; il semblait même penser que Dieu bénirait plus particulièrement des pauvres qui serviraient d'autres pauvres.

L'exemple de l'infatigable Mme Legras était pour son esprit un de ces phénomènes qui ne paraissent que rarement ; il avait peine à croire qu'on pût trouver en un certain monde une vertu semblable à la sienne. Ainsi pendant bien des années on ne reçut parmi les filles de la Charité que des personnes d'une naissance assez obscure, et accoutumées dès l'enfance aux plus pénibles travaux des villes et des campagnes.

Mais de jeunes personnes, les unes de famille, les autres de condition, ayant fait par elles-mêmes et par leurs amis des instances réitérées pour partager avec les premières l'abjection et le mérite de leurs emplois, on crut qu'il y aurait de l'injustice à les refuser. On résolut donc de faire un essai, et cet essai fut tout à fait heureux. On vit alors, comme on le voit encore aujourd'hui, des filles nourries dans la délicatesse et vêtues d'habits précieux embrasser un état où la nature a beaucoup à souffrir, honorer comme leurs maîtres des malheureux qui n'auraient pas été admis à les servir dans le monde, et porter avec plus de joie un habit grossier que les filles du siècle n'en ont à porter leurs parures brillantes.

Les historiens ne sauraient dire si ce changement eut lieu pendant la vie de Vincent de Paul; ce qu'il y a de certain, c'est que, de quelque condition qu'aient été de son temps les filles de la Charité, il eut toujours pour elles un profond respect. Le seul nom de servantes des pauvres attendrissait ce père des affligés.

La protection que Dieu accorde à ceux qui le servent le rassurait contre les dangers sans nombre auxquels se trouvait exposée leur vertu. Vincent a envoyé ces filles dans les armées pour avoir soin des soldats blessés ou malades, jusqu'en Pologne, comme au travers de l'Allemagne et d'une multitude de pays hérétiques, sans avoir jamais paru craindre pour elles ce qu'il eût appréhendé pour d'autres. Il leur promettait souvent que le Ciel ferait en leur faveur des miracles plutôt que de les abandonner, et plus d'une fois le Ciel a justifié ses prédictions.

En voici un exemple dont tout Paris fut témoin, et où l'incrédulité même aurait peine à méconnaître le doigt de Dieu.

Une de ces vertueuses filles était allée servir un malade dans une maison du faubourg Saint-Germain ; à peine y fut-elle entrée, que tout l'édifice, quoique presque neuf, s'écroula de fond en comble. De trente personnes qui se trouvaient dans le bâtiment, il n'y en eut pas une qui ne fût ensevelie sous ses ruines, à l'exception d'un petit enfant qui fut blessé, et de la sœur dont nous parlons qui n'eut aucun mal. Elle se trouva pendant tout le temps que dura l'éboulement sur un coin du plancher qui ne tomba pas, bien que tout le reste du même plancher fût tombé. Elle y resta immobile avec un potage qu'elle portait à la main. Une grêle de pierres, de poutres, de solives, qui se précipitaient des étages supérieurs, rasèrent de bien près le lieu où elle était; mais tous ces décombres semblaient la respecter; elle sortit saine et sauve d'un amas de débris, au milieu des acclamations de tout un peuple qu'avait rassemblé là cet affreux désastre.

Dès les premières années de l'institution des filles de la Charité, la congrégation fondée par Vincent de Paul fut divisée en trois classes.

La première, sous le nom de *Dames de Charité*, se composa de tout ce que la noblesse offrait de plus illustre. Ces dames, vouées par pitié au service des pauvres et des malades, visitaient tour à tour les hôpitaux , les prisons ; on les voyait partout où l'infortune et la misère réclamaient leurs secours.

La seconde classe se composait des *Sœurs de la Charité*. On donnait cette dénomination à toutes les chrétiennes charitables qui s'assemblaient en communauté et formaient ensemble une congrégation. Selon l'urgence, on les voyait se diriger sur différents points du royaume ; elles ne faisaient jamais de vœux que pour un temps très-limité.

Enfin la troisième classe était celle des *Filles de la Charité*. Ces dernières se trouvaient sous la dépendance des dames et des sœurs ; on les choisissait primitivement dans les rangs inférieurs de la société. Plus tard un nouvel ordre de choses s'établit ; les seconde et troisième classes n'en formèrent plus qu'une seule. Dans le monde on a dit, depuis lors, indifféremment filles ou sœurs de la Charité, bien qu'abusivement, puisque les *sœurs de la Charité* proprement dites sont fixées à Chartres , à Nevers , à Besançon. Au reste, Vincent voulut expressément que les nobles vierges de sa congrégation s'appelassent non *sœurs*, mais *filles* de la Charité, cette dénomination étant, selon lui, plus conforme à l'esprit religieux, comme annonçant les filles du Père céleste et du Dieu de la charité.

Personne ne les a mieux dépeintes que Vincent de Paul lui-même, aux premiers jours de leur association : « Elles n'ont ordinairement, dit-il, pour monastères que les maisons des malades, pour cellule qu'une chambre de louage, pour chapelle que l'église de leur paroisse, pour cloître que les murs de la ville et les salles des hôpitaux, pour clôture que l'obéissance, pour grilles que la crainte de Dieu, et pour voile qu'une sainte modestie. »

Il était difficile de faire de ces respectables filles un tableau plus ressemblant.

Le costume des filles de la Charité consistait, dans l'origine, comme encore de nos jours, en une cornette blanche, un collet blanc, une chemisette grise, un tablier gris, un chapelet à gros grains, un christ en cuivre, des bas gris, des souliers noirs.

La difficulté de se procurer dans toute l'étendue de la France des étoffes grises, a fait depuis adopter le noir dans beaucoup de communautés. Les sœurs vêtues de l'une ou de l'autre de ces deux couleurs sont du même Ordre, bïen que le peuple les désigne vulgairement sous le nom de *sœurs grises.*

L'espèce de coiffe que portent les filles de la Charité a une origine assez curieuse. Louis XIV, apercevant une fille de la Charité d'une figure intéressante, observa qu'il était convenable qu'elle eût un voile; comme il tenait alors un mouchoir à la main, il le lui jeta sur la tête de telle manière qu'il forma une espèce de coiffe qui donna aux filles de Saint-Vincent l'idée d'en faire une semblable à celle qu'elles ont aujourd'hui. Assurément cette coiffe ne pouvait avoir une origine plus noble.

Toute demoiselle qui postule pour être reçue novice dans l'ordre de Saint-Vincent-de-Paul doit avoir au plus vingt-cinq ans, savoir lire, écrire, n'avoir jamais été en état de domesticité, justifier des meilleurs certificats de bonne conduite, de mœurs pures et de religion; il faut qu'elle appartienne à une famille honnête.

Le scrupule rigoureux qu'on apporte dans l'admission de ces postulantes est porté si loin, qu'il ne suffit pas que la conduite de la récipiendaire ait constamment été irréprochable, que ses père et mère jouissent d'une réputation intacte, mais qu'il en soit ainsi de tout autre de ses parents qui porterait son nom ; la moindre tache dans une famille devient un motif d'exclusion.

La postulante, une fois admise, est instruite et recueillie à titre de novice, dans la maison générale, située à Paris. Ce vaste séminaire peut être regardé comme le berceau et le tombeau des sœurs de la Charité ; en effet, c'est là qu'elles se forment au service des pauvres malades ; de là qu'elles sortent pour voler à leur secours ; et quand l'âge ou les infirmités ne leur permettent plus de se rendre utiles à l'humanité souffrante, c'est encore là qu'elles viennent finir religieusement une vie marquée par tant de bienfaits.

Les épreuves des novices varient de cinq à dix mois. S'il mourait moins de sœurs par suite des fatigues inouïes qu'elles éprouvent dans l'exercice de leurs admirables fonctions, ces épreuves dureraient quinze à dix-huit mois ; mais la nécessité force à les abréger.

Les novices sont presque toujours au nombre de cent. Celles d'entre elles qui passent filles de la Charité sont alors envoyées sur les divers points de la France, partout où le besoin l'exige.

Les filles de la Charité ne font que des vœux simples, au nombre de quatre : vœu de pauvreté, vœu de charité, vœu d'obéissance et vœu de secours aux pauvres.

Pour les tenir dans une juste dépendance et leur laisser en même temps tout le mérite d'une pleine liberté, elles ne font ces vœux que pour une année.

Tous les ans, au 25 mars, jour où Mme Legras fit les siens pour la première fois, elles redeviennent libres ; mais il est fort peu d'exemples que des sœurs de la Charité aient usé de la faculté qui leur était offerte de rentrer dans le monde. Cette liberté, qu'elles ont de se retirer de la congrégation, n'a presque toujours servi au contraire qu'à les rattacher par des nœuds plus inviolables.

Les filles de la Charité ne peuvent faire aucun legs, ni rien recevoir sans la permission de la supérieure générale.

La congrégation pourvoït à tous leurs besoins ; elles reçoivent deux cents francs pour leur entretien, et lorsqu'elles ne vivent pas en communauté (ce qui est rare), cette somme est portée à six cents francs.

On peut affirmer que l'ensemble des aumônes que répandent, de leurs propres deniers, les filles de Saint-Vincent, s'élève à peu près annuellement à soixante mille francs.

Il existe à la maison générale un *sommier* sur lequel tout est inscrit, le bien et le mal, avec l'impartialité la plus rigoureuse. Un ordre du jour circulaire fait connaître à tous les membres de l'Ordre, les actes de conduite exemplaire qui méritent d'être signalés ; c'est ainsi que ces respectables vierges sont mutuellement excitées aux actions les plus nobles, et qu'elles ne croient jamais avoir assez fait, lors même qu'elles succombent sous le poids de leurs fatigues et de leurs veilles.

La base de l'institution de Saint-Vincent étant de prendre exclusivement soin des malheureux, les filles de la Charité ne prodiguent leurs secours qu'aux seuls pauvres, jamais en aucun cas aux gens riches. Les malades, les nécessiteux, les infirmes, les prisonniers, les enfants, les vieillards, les blessés, voilà leurs maîtres, voilà ceux à qui elles se vouent.

On citerait à peine deux exemples où des sœurs de la Charité se soient trouvées distraites de leurs véritables attributions, encore était-ce à la prière d'un souverain.

Leur abnégation et leur vénération pour les pauvres sont si grandes, que, lorsque les filles de salles, chargées des détails les plus grossiers des hospices, deviennent elles-mêmes infirmes ou malades, les sœurs de la Charité les servent, à leur tour, avec autant de soins et de déférence que si elles étaient leurs supérieures.

Nous allons examiner, chacun en particulier, les quatre vœux des filles de Saint-Vincent. Cette digression ne sera pas sans utilité pour nos petites lectrices; l'accomplissement, au moins partiel, de ces vertus, susceptibles d'être pratiquées même dans le monde, serait une source de bonheur, disons plus, un grand pas de fait pour elles vers la perfection chrétienne.

VŒU DE PAUVRETÉ.

Il est fondé sur la doctrine suivante : Jésus-Christ nous a enseigné la pauvreté par son exemple.

C'est la première leçon que ce divin maître nous ait donnée en venant au monde : l'étable et la crèche où il naquit, les langes qui l'enveloppèrent, le foin sur lequel il reposa, tout nous prêche la pauvreté dès sa naissance, et la croix est la chaire où il nous l'a prêchée en mourant. Durant sa vie il n'a pas un denier quand il faut payer le tribut qu'on lui demande; il n'a pas de maison où il puisse célébrer la Pâque avec ses disciples; il n'a pas même de demeure où se reposer; et quand il meurt, il est si pauvre, qu'il faut que Joseph d'Arimathie achète un linceul pour l'ensevelir.

« Si vous voulez être parfait, disait Jésus, vendez tout ce que vous avez et le donnez aux pauvres. » Le renoncement aux richesses est donc la source de toutes vertus ; la félicité ne consiste pas dans la possession de beaucoup de choses, mais dans le simple accomplissement de ce qu'on désire. Or les pauvres d'esprit ont cet avantage sur les riches du siècle, qu'ils ne désirent que ce qu'ils ont, et regardent toutes choses comme superflues, tandis que les riches ne sont jamais rassasiés.

Ne sont pas vraiment pauvres ceux qui ont soin que rien ne leur manque, qui veulent être bien nourris, bien vêtus, bien logés ; celui qui est vraiment pauvre méprise même les choses nécessaires.

Ce n'est rien, dit Vincent de Paul, que d'être pauvre si l'on n'aime la pauvreté, et si l'on ne supporte avec joie, pour l'amour de Notre-Seigneur, tout ce qu'elle peut avoir de fâcheux ; si l'on n'aime les résultats ordinaires de la pauvreté, qui sont la faim, la soif, le froid, la fatigue et le dénûment de toutes choses.

Et cependant Jésus-Christ s'est rendu pauvre pour l'amour de nous ; il a souffert la faim, la soif, le froid, le chaud, la lassitude et la nudité ; il a manqué enfin des choses les plus nécessaires de la vie. Quelle leçon sublime ! quel exemple pour des chrétiens !

VŒU DE CHASTETÉ.

Les vierges, dit saint Grégoire, sont avec Jésus-Christ sur la montagne, parce que le mérite de la chasteté les élève au plus haut degré de la gloire. L'exercice de toutes les vertus est nécessaire pour acquérir la perfection de la chasteté, parce qu'elles en sont comme les gardiennes.

Plus la chasteté est précieuse, plus il faut apporter de soins pour la conserver ; car, si dans toutes les vertus il importe d'avoir soin des plus petites choses, dans la crainte de tomber peu à peu dans de grands inconvénients, cela importe surtout dans la chasteté, où la moindre inattention peut causer un préjudice extrême : c'est quelque chose de si délicat, qu'il ne faut presque rien pour la blesser, pour la mettre en péril.

Un saint homme la comparait à une glace que ternit la moindre haleine ; c'est ainsi que les moindres faiblesses ternissent la chasteté et lui font perdre tout son éclat.

Nous devons donc veiller soigneusement à la conserver dans toute sa pureté, en évitant toutes mauvaises pensées, en évitant toute occasion dangereuse qui se pourrait offrir; car, de même que partout où passe la flamme, elle laisse des traces plus ou moins apparentes de ses ravages, de même, lorsque ces sortes de faiblesses ne nous brûlent pas tout à fait, au moins nous noircissent-elles, en faisant naître dans notre âme des pensées contraires à la chasteté.

Une sainte dame, ayant reçu le don de chasteté, ne laissait pas, dans les moindres actions, de prendre extrêmement garde à se régler dans ses regards et dans ses discours, et à éloigner d'elle tout ce qui pourrait faire naître la moindre mauvaise pensée. Comme on lui en demandait les motifs : « Si dans les moindres choses, répondit-elle, je tâche de faire ce que je dois et ce que je puis, Dieu me donnera la grâce de me soutenir dans les grandes ; mais si je négligeais les petites, je ne sais s'il me l'accorderait dans les autres, ou du moins je mériterais qu'il m'abandonnât et me laissât tomber ; c'est pourquoi je ne veux me négliger en rien ; et c'est ainsi que nous devons en user, si nous voulons nous conserver dans un état toujours pur de chasteté. »

Il est plusieurs remèdes contre les tentations des sens. Le premier est l'oraison ; le Fils de Dieu nous l'enseigne lui-même ; le second consiste à s'appliquer à méditer sur la passion de Jésus-Christ, et à se dire, comme le fidèle Uric : « Seigneur, vous êtes attaché à une croix, où vous expiez par vos souffrances tous les plaisirs criminels des hommes ; je n'ai garde de m'abandonner à des plaisirs qui vous coûtent si cher. »

D'autres âmes pieuses trouvent encore un grand secours dans la pensée de la gloire éternelle, considérant quelle folie ce serait pour elles de manquer à accomplir les choses où Dieu nous invite, auxquelles il a attaché des récompenses si glorieuses, pour faire celles où le démon nous sollicite, et qui doivent être suivies d'une éternité de supplices.

Les autres enfin tirent une grande utilité du souvenir de la mort et de l'image du jugement dernier.

Une des choses qui peuvent contribuer autant à nous maintenir dans la grâce, c'est de marcher toujours dans la crainte, nous défiant de nous-même et mettant toute notre confiance en Dieu seul.

« Nous portons les trésors de la grâce dans des vases de terre, » qui se peuvent aisément briser; les bourrasques du monde nous heurtent et nous agitent à tout moment. Ceux qui ne connaissent pas assez la fragilité de la nature humaine, ne prennent point garde; ils se perdent par leur négligence et leur sécurité; mais ceux qui se connaissent bien, qui marchent avec crainte, se tiennent sur leur garde, et sont par conséquent plus en sûreté.

« La crainte de Dieu chasse le péché, et c'est par la crainte du Seigneur qu'on évite le mal. » A moins que nous n'ayons toujours cette crainte salutaire devant les yeux, il n'y a point de chasteté dont on puisse répondre.

VŒU D'OBÉISSANCE.

Il est considéré comme le principal d'entre ceux que la religion impose. Par ce vœu on offre plus à Dieu que par aucun autre. Par le vœu de pauvreté on renonce aux richesses ; par celui de chasteté on abjure les plaisirs criminels du monde ; mais par le vœu d'obéissance on offre à Dieu sa volonté, son jugement ; on se sacrifie enfin tout entier à Dieu.

Le vœu d'obéissance comprend tous les autres, et n'est compris dans aucun. L'obéissance est donc la plus essentielle vertu de la religion ; elle plaît plus à Dieu que tous les sacrifices qu'on lui peut faire ; elle renferme en elle toutes les autres vertus ensemble ; car, pourvu que vous soyez obéissant, vous serez pauvre, vous serez chaste, vous serez humble, vous aurez l'esprit de modestie et de patience.

Les vertus s'acquièrent par l'exercice de leurs actes, et ce n'est que de la sorte que Dieu veut nous les donner ; or l'obéissance nous met dans cet exercice continuel.

Laissez-vous seulement conduire par l'obéissance, on ne manquera pas de vous exercer tour à tour sur la patience, sur la pauvreté, sur l'humilité, sur la tempérance et sur la charité. A mesure que vous augmenterez en obéissance, vous accroîtrez aussi en toutes ces vertus.

L'obéissance, dit saint Augustin est la source et la mère des vertus.

Il y a trois manières d'obéir : la première, lorsque nous faisons ce qu'on nous commande ; la seconde, lorsque nous agissons dès le moindre mot qu'on nous dit ; cette manière d'obéir est plus parfaite que l'autre, parce que celui qui obéit à une simple parole prouve plus de soumission que celui qui attend qu'on lui commande ; la troisième enfin, lorsque ayant quelque pressentiment de la volonté de notre supérieur, nous nous portons aussitôt à l'accomplir, sans attendre qu'il nous le dise ; cette sorte d'obéissance est beaucoup plus parfaite et bien plus agréable à Dieu que toutes les autres.

L'obéissance est le tombeau où notre propre volonté s'ensevelit; en effet du moment que nous entrons en religion, nous mettons notre volonté dans le tombeau, et dès ce moment nous n'en devons point suivre d'autre que celle de nos supérieurs. Il faut que nous soyons toujours disposés à l'exécuter, quelque difficiles que puissent être les choses qu'on nous commande; et quelque répugnance naturelle que nous y puissions avoir.

C'est même en celles-là qu'il faut surtout témoigner notre promptitude à obéir. Lorsqu'on nous commande des choses qui nous plaisent, on ne peut trop apprécier dans quel esprit nous obéissons, si nous y sommes porté plus par le mouvement de notre propre inclination que par une véritable soumission à la volonté de Dieu.

Mais lorsqu'on nous commande des choses où nous sentons de la répugnance, il n'y a plus à douter du motif qui nous fait agir, parce qu'alors ce n'est plus nous-même que nous cherchons et notre propre satisfaction, mais Dieu et l'accomplissement de sa volonté sur nous.

Dans les choses fâcheuses, dit saint Grégoire, il faut que notre volonté se joigne à l'obéissance ; dans les choses agréables, il faut qu'elle n'y ait aucune part. Quand on nous commande, par exemple, des choses honorables d'elles-mêmes, notre volonté ne doit point y avoir de part ; il faut purement les faire parce qu'on nous les commande et que Dieu le veut.

Mais quand on nous ordonne des choses pénibles, basses ou rebutantes, c'est alors qu'il faut faire agir notre volonté, en essayant de la plier promptement à tout ce qu'on exige de nous.

Il y a dans la religion deux sortes d'obéissance : l'une est générale, commune et imparfaite; l'autre, très-parfaite, montre jusqu'où peut aller la perfection de la piété.

L'obéissance imparfaite a deux yeux pour son malheur ; l'obéissance parfaite est aveugle, mais c'est dans son aveuglement que sa perfection consiste.

L'une raisonne sur tout ce qu'on lui commande,

l'autre obéit sans raisonner. L'une a toujours plus d'inclination pour une chose que pour une autre; l'autre est toujours également disposée à toutes les diverses choses qu'on lui peut commander.

La première obéit au dehors en exécutant ce qu'on lui ordonne; mais elle désobéit au dedans par la résistance de son esprit.

La seconde ne se contente pas de ce qu'on lui prescrit; elle soumet encore son jugement et sa volonté à la volonté et au jugement de celui qui commande; supposant toujours qu'il a raison de vouloir ce qu'il commande, elle ne cherche point de raisons pour obéir, mais elle obéit par la seule considération du commandement qu'on lui fait, et parce que c'est obéir aveuglément que d'obéir de la sorte.

Voilà l'obéissance aveugle que les saints nous recommandent si instamment, et dont ils nous ont donné eux-mêmes de si grands exemples.

VŒU DE SECOURS AUX PAUVRES.

Sans la charité ce vœu ne saurait être accompli.

Il y a deux commandements de la charité : l'un est d'aimer Dieu de tout notre cœur, de toute notre âme, de toutes nos forces, et voilà le plus grand et le premier commandement de tous; l'autre, semblable au premier, est d'aimer notre prochain comme nous-même.

Ce second commandement est le principe de toute charité. L'Apôtre le nomme le lien de la perfection qui unit les choses les plus séparées, qui de plusieurs volontés n'en fait qu'une.

Afin de mieux connaître le prix de la charité et l'excellence de l'amour du prochain, méditons ce second commandement de charité. «Regardez, dit saint Chrysostôme, l'extrême bonté du Seigneur, malgré la différence infinie qu'il y a de l'homme à Dieu, il veut que nous aimions l'homme d'un amour semblable à celui dont nous devons aimer Dieu. C'est avoir presque donné à l'amour du prochain la même étendue qu'à l'amour de Dieu ; puisque, s'il nous ordonne d'aimer Dieu de toute notre âme, il nous prescrit aussi d'aimer notre prochain comme nous-même. »

L'amour de Dieu et l'amour du prochain sont inséparables : l'un ne peut jamais subsister sans l'autre, puisque ce n'est qu'un même amour de charité, qui fait que nous aimons Dieu et le prochain pour Dieu. Ainsi nous ne pouvons ni aimer Dieu sans aimer le prochain, ni aimer le prochain sans aimer aussi Dieu, parce que le motif que nous avons d'aimer le prochain est Dieu.

C'est sur l'estime du prochain qu'est fondé tout l'édifice de la véritable charité.

Cette charité n'est point une passion aveugle, un amour de caprice, l'effet d'une simple tendresse de cœur; mais c'est un amour de raison, duquel tous les motifs et les mouvements sont spirituels et célestes; un amour qui s'appelle amour d'estime, qui naît de celui que nous portons à Dieu, et qui fait qu'estimant Dieu par dessus toutes choses, nous estimons aussi le prochain comme une chose qui lui appartient.

L'estime que nous concevons de nos frères nous

porte à les aimer, à les honorer, à les respecter, enfin à nous acquitter envers eux de tous les autres devoirs de la charité.

Des sentiments si justes envers nos semblables n'acquièrent que plus de force, lorsque ce prochain que nous devons aimer comme nous-même, est souffrant ou malheureux. La voix de la pitié se fait entendre de la manière la plus impérieuse ; alors la charité doit se répandre en œuvres de piété et de bienfaisance : attachement, intérêt personnel, santé, fortune, tout doit être immolé à la cause de l'humanité souffrante.

Voilà par quelle admirable doctrine toutes les actions des *filles de la Charité* sont dirigées ! Voilà toute leur morale ! Qu'on juge de son excellence par la sublimité des devoirs qu'elle leur impose, par l'étendue des sacrifices qu'elle leur rend possibles, enfin par l'héroïsme des traits de courage et de dévouement que l'histoire consacre en l'honneur de ces nobles vierges.

CHAPITRE IV.

BEAUX TRAITS DE L'HISTOIRE DES FILLES DE LA CHARITÉ.

Il est temps d'esquisser quelques traits épars de l'histoire de celles dont l'éloge est dans toutes les bouches, comme les bienfaits dans tous les cœurs.

En effet, au seul nom des filles de la Charité, toutes les idées de vertu et d'héroïsme se réveillent. « Peut-être, disait un homme illustre, n'est-il rien de plus grand sur la terre que le sacrifice que fait un sexe délicat de la beauté, de la jeunesse et souvent de la haute naissance, pour soulager dans les hôpitaux ce ramas de toutes les misères humaines, dont la vue est si humiliante pour notre orgueil et si révoltante pour notre délicatesse.»

Mais ce que n'a pas dit ce philosophe, c'est que ce sont là les prodiges de la piété; c'est que la religion seule peut enfanter tant de vertus; c'est que l'antiquité païenne n'offre rien de comparable à cette institution sublime; c'est qu'avant le christianisme on n'avait rien vu d'aussi grand sur la terre; c'est que les protestants conviennent de cette vérité; que les Anglais mêmes, si fiers de toutes leurs richesses, comme de tous leurs établissements de bienfaisance, envient ceux-ci aux nations catholiques, qui seules ont le bonheur de les posséder.

L'histoire des filles de la Charité peut se diviser en trois époques fort distinctes :

1° Depuis leur institution (année 1633) jusqu'en 1658, date des lettres patentes que le roi de France leur accorda;

2° Depuis 1658 jusqu'en 1793;

3° Depuis l'année 1801, époque de leur rétablissement, jusqu'à ce jour.

Nous allons remplir une tâche assurément bien douce.

Mais pour quelques faits isolés que nous mettrons en lumière, combien de traits de piété, de dévouement, d'héroïsme, laissés dans l'oubli, perdus pour l'histoire!

Filles respectables, vous entourez vos bienfaits, vos sacrifices, vos vertus sublimes, d'un mystère impénétrable; vous ravissez ainsi à la piété des fidèles ses inspirations les plus touchantes, comme à Vincent de Paul sa plus belle couronne; mais s'il vous est permis, s'il vous est ordonné même d'être remplies d'humilité, autant qu'utiles et généreuses, nous est-il permis à nous d'oublier l'immolation perpétuelle de votre liberté, de votre repos, de votre vie même? Hélas! la voix seule des anges célestes pourrait dignement célébrer votre gloire.

PREMIÈRE ÉPOQUE.

Non-seulement, dès les premières années de leur institution, les filles de la Charité participèrent à toutes les bonnes œuvres de leur fondateur, Vincent et Mme Legras, dans les diverses circonstances où leurs secours devenaient nécessaires, mais même quelques-unes d'entre elles consentirent à s'expatrier. Pour la vraie charité il n'est point de patrie.

La peste faisait à cette époque de grands ravages en Pologne. Les hôpitaux étaient remplis de malheureux privés de secours. La reine Marie de Gonzague sentit le besoin de fonder dans ses États des établissements de charité semblables à ceux qu'avait institués Vincent de Paul; elle pria donc le saint prêtre d'envoyer à Varsovie plusieurs de ses sœurs, à l'effet d'accomplir ce pieux dessein. Son vœu fut exaucé.

Varsovie était alors en proie au plus affreux de tous les fléaux. Trois sœurs y arrivèrent. Bien que leur ministère devînt non moins rebutant que dangereux, elles choisirent pour théâtre de leurs œuvres de charité des hôpitaux où gisaient des malades abandonnés.

Des périls continuels les environnaient; l'une d'elles même, Marguerite Moreau, y succomba sous le poids de ses glorieux travaux.

De quelle admiration la Pologne ne fut-elle pas pénétrée à l'aspect d'une charité si rare et si édifiante! Marie de Gonzague elle-même, jalouse d'imiter de si beaux modèles, daigna servir de ses mains royales les malades les plus désespérés.

C'était peu pour nos bonnes sœurs de se vouer au soulagement des malades, leur pieuse sollicitude s'étendit encore sur les malheureux domestiques, sur les orphelins, sur les aliénés. Des maisons de refuge et des hospices furent fondés par la reine de Pologne, et elles en eurent la direction. Les bénédictions des riches et des pauvres les suivaient en tous lieux. La renommée ne tarda pas à publier leurs bienfaits, et leur exemple à trouver de nombreux imitateurs.

Mais laissons-les pour un moment répandre en Pologne le fruit d'une charité divine, laissons-les, grossissant leur nombre, parcourir les divers pays de l'Europe, s'exposer, pour secourir leurs frères, à tout ce que la faim, la fatigue et les dangers de toute nature peuvent offrir de plus affreux; les maux de la mère patrie ne réclament pas moins leur assistance.

ÉPISODES DE CETTE PREMIÈRE ÉPOQUE.

Angers se trouvait alors non moins à plaindre que Varsovie ; la peste y faisait aussi d'affreux ravages ; une confrérie de charité y avait été établie par Mme Legras ; les sœurs qui la composaient ne manquèrent pas de voler les premières partout où le danger les appelait : leur dévouement fut au-dessus de tout éloge.

Redoublant d'efforts, de prières et de soins tant que dura la contagion, elles ne prirent de repos qu'après avoir arraché des milliers d'habitants aux horreurs du trépas. Plusieurs traits sublimes signalèrent, au milieu de ces scènes de désolation, l'inépuisable charité des filles de Vincent de Paul.

Deux faits qu'un historien estimable a déjà signalés, nous suffiront comme simples témoignages :

Il se trouvait dans l'un des hospices un malade que tout le monde fuyait à cause de l'horrible odeur qu'il exhalait autour de lui ; les sœurs les plus zélées ne l'approchaient qu'avec une extrême répugnance, et les autres malades s'en plaignaient hautement ; on fut obligé de l'isoler.

Cet infortuné gémissait dans l'état le plus affreux ; il se faisait horreur à lui-même. La sœur Geneviève, poussée par un zèle tout divin, s'attacha de préférence à ce malheureux ; les soins les plus empressés lui furent prodigués par elle ; mais, quelque ardente que fût sa charité, son courage l'abandonnait souvent alors même que son secours était le plus nécessaire.

Dans cette situation étrange, elle n'écoute que sa piété, elle ne suit que la voix céleste qui parle à son cœur. Par son ordre, on apporte une chaîne de fer, elle se la passe autour du corps, l'attache au lit du malade, en ne lui donnant qu'une longueur suffisante pour agir librement. L'ouvrier qui avait apporté cette chaîne en rive les deux bouts ; sœur Geneviève demeure ainsi constamment captive : « Maintenant, s'écrie cette vertueuse fille, je ne cèderai plus à ma honteuse faiblesse. »

Tant de courage ne resta pas sans récompense : ses soins assidus opérèrent la guérison du malade ; au bout de deux mois la chaîne fut brisée. Sœur Geneviève recouvra en quelque sorte sa liberté, mais ce fut du moins avec la douce joie d'avoir sauvé l'être au salut duquel elle s'était consacrée.

A quelque temps de là, un homme attaqué d'une maladie dangereuse tomba dans la plus désespérante agonie. Le médecin, chargé de le visiter, déclare son décès aux administrateurs ; on dresse l'extrait mortuaire et l'on enterre le corps. La famille de cet homme, instruite de l'événement, arrive à l'hospice ; une sœur de la Charité se présente et confirme un malheur qu'elle déplore elle-même. Cependant un des parents lui apprend que celui dont ils regrettent la perte est plus d'une fois tombé en léthargie, et, d'après divers symptômes qu'il se fait expliquer, il manifeste la crainte qu'il n'ait été enterré vif. La sœur cherche à le rassurer, mais inutilement ; pressée de satisfaire à son désir, elle demande l'exhumation du corps ; on lui répond que cela est impossible, et que les lois s'y opposent, puisque la mort a été légalement constatée.

Cette réponse jette les parents dans le désespoir ; la sœur insiste, mais c'est en vain ; alors cette pieuse fille prend une résolution sublime, rassure ces pauvres affligés et se rend au lieu de la sépulture.

Là, pourvue de quelques aliments, un livre d'office à la main, elle s'assied tranquillement au bord de la fosse, qui heureusement n'était pas encore comblée, et demeure en cet état soixante-cinq heures, sans bouger un moment de la place, prêtant une oreille attentive au moindre bruit qui aurait pu se faire entendre.

Au bout de ce temps, un cri perçant s'échappe de la terre ; la sœur appelle du secours ; on ouvre le cercueil... un nouveau Lazare se lève !.. L'effroi, l'étonnement sont au comble ; on reporte ce malheureux à l'hospice ; on lui administre tous les secours imaginables. Au bout de quelques jours il fut en parfaite santé. De pareils traits n'ont pas besoin d'éloge : une admiration muette, voilà le tribut qui leur convient.

Vers l'an 1640, la Lorraine devint la proie de tous les maux que la guerre entraîne après elle.

Nous avons déjà fait le tableau de l'épouvantable famine qui dévorait cette province. Les filles de Saint-Vincent accourent aux cris de tant d'infortunés expirants de faim et de misère; elles s'empressent, font des quêtes, répandent des aumônes ; leur présence et celle du saint prêtre qui les dirige, rendent la vie et l'espérance à toute une population qui naguère n'avait plus qu'à mourir.

Après avoir arraché tant de victimes à un trépas certain, les sœurs de la Charité s'occupent de mettre l'innocence d'une foule de jeunes orphelines à l'abri des calamités et des outrages auxquels les exposait leur abandon ; elles leur ouvrent des maisons de refuge et les y emploient à des travaux lucratifs. Beaucoup d'entre ces orphelines briguent même l'honneur de faire partie de la congrégation. Cette porte de salut fut ouverte à celles qui remplissaient les conditions exigées pour leur admission.

De si grands travaux n'étaient que le prélude encore de tous ceux que devaient accomplir nos héroïnes.

La guerre civile éclate en France ; soudain toutes les sources où puisait la charité des filles de Vincent se tarissent. Que feront-elles sans provisions, sans argent, sans secours ? Elles vont arracher, comme par miracle, aux horreurs de l'abandon et du besoin, les nécessiteux, les pauvres malades, les enfants trouvés.

Dans l'état de dénûment absolu où elles se trouvent elles-mêmes, nous les verrons mettre en quelque sorte un terme à la désolation générale, et, se multipliant avec une ardeur inouïe, infatigable, sécher les larmes de l'infortune, adoucir l'horreur des souffrances, en un mot cicatriser les plaies du genre humain.

Un cri général d'admiration fut le prix de tant d'héroïsme ; et les âmes charitables qui s'étaient un moment refroidies sur le sort des malheureux, se hâtèrent de seconder les magnanimes efforts de nos bonnes sœurs. Anne d'Autriche fut la première à donner ce salutaire exemple.

La Lorraine venait à peine d'être rendue à un état prospère, lorsque la Picardie et la Champagne devinrent à leur tour le théâtre d'une guerre affreuse.

Calamité terrible! Il fallait cependant y porter remède. La charité ne saurait s'effrayer à l'aspect des plus immenses travaux. Les filles de Vincent volent de nouveau où le devoir les appelle ; elles s'empressent de prodiguer les soins et les consolations qui naguère avaient sauvé la Lorraine.

Plusieurs d'entre elles trouvèrent la mort au milieu de leurs pieuses fonctions. Je citerai, entre autres faits remarquables, le trait suivant : une sœur, du nom de Marie-Joseph, se trouvant trop affaiblie pour continuer debout son touchant ministère au grand nombre de blessés qui l'entouraient, se les fit approcher de son lit, et, de ses mains défaillantes, pansait encore leurs blessures. La mort la surprit au milieu de ce dévouement sublime.

Les fléaux de la guerre ne tardèrent point à frapper de deuil la capitale. Quinze mille paysans des villes voisines, maltraités et chassés par une soldatesque effrénée, viennent y chercher un asile et du pain. C'est une nouvelle famille à nourrir.

Eh bien! pendant six mois entiers, les respectables filles de la Charité portent chaque jour la nourriture à tous ces infortunés, sans en oublier un seul. Partout elles se multiplient, répandent la vie et l'espérance ; ce sont partout comme des divinités protectrices des misères humaines.

L'association des sœurs de Charité devint dès ce moment un des plus grands bienfaits de l'humanité ; on regardait ces femmes comme le palladium du bonheur public. Chaque ville en voulut posséder dans son sein ; la France les vit avec orgueil répandues en tous lieux.

Tant de sublimes travaux méritaient une récompense. En 1651, la société des sœurs de la Charité reçut du cardinal de Retz des lettres patentes qui furent renouvelées en 1655, et à son tour le roi lui en accorda qui, en 1658, furent présentées et enregistrées au parlement de Paris.

DEUXIÈME ÉPOQUE.

L'éclatante protection dont la congrégation des sœurs de la Charité devenait l'objet, cette vénération que leurs pieux travaux inspiraient en tous lieux, ne firent, s'il est possible, qu'ajouter encore au zèle, à l'énergie, au dévouement admirable de ces anges de piété et de bienfaisance.

Leur vertueux fondateur n'était plus; Mme Legras avait elle-même payé sa dette à la nature et jouissait, dans un monde meilleur, du prix de son héroïque piété. Mais les instructions de ces deux illustres élus restaient gravées dans le cœur des sœurs de la Charité; et leurs mains, dépositaires du sort des malheureux, ne pouvaient trahir une confiance si honorable.

Aussi, pendant près de deux siècles, aucun événement politique ne put ébranler les fondements de leur institution. Loin de là même, ce fut au milieu des scènes de désastres, de calamités publiques que leur précieuse influence se fit sentir avec le plus d'efficacité.

Des femmes non moins recommandables par leurs lumières que par leur ardente charité, se succédant d'âge en âge, recueillaient toujours avec la même avidité ce noble héritage des maux et de l'infortune qui leur était légué. Le malheur ne cessa jamais de trouver en elles des consolations et des soulagements ; les larmes de l'infortune furent toujours essuyées, les souffrances des malades adoucies ; l'orphelin trouva toujours un appui comme par le passé.

Disons mieux : avec le temps, cette belle association devint plus florissante encore ; leur ministère fut reconnu de plus en plus utile, parce que l'expérience leur permit avec le temps de corriger tout ce que leur administration pouvait laisser à désirer dans son intérieur.

Aussi dévouées que leurs modèles, elles volaient partout où le devoir réclamait leur présence : de la chaumière du pauvre elles couraient au milieu des champs ; des rives de la Seine elles s'élançaient au bord du Rhin. Jamais le cri de l'infortune ne se faisait entendre vainement à leurs oreilles ; jamais on n'eut besoin de solliciter deux fois leurs secours , toujours prêtes de corps et d'âme à tout sacrifier pour l'amour de Dieu et du prochain.

Ce fut ainsi qu'elles arrivèrent, entourées de bénédictions, jusqu'à l'époque funeste de la révolution française, sans que cette longue suite d'années écoulées et de générations diverses eussent apporté le moindre découragement, la plus légère modification préjudiciable aux malheureux, soit dans les secours sollicités pour les malades, soit dans leur zèle, dont on admirait constamment l'ardeur ; soit enfin dans le sage règlement de leur illustre fondateur.

ÉPISODES DE CETTE DEUXIÈME ÉPOQUE.

Quelle mine intarissable de beautés évangéliques offre à nos esprits attendris la vie des filles de saint Vincent !

En distribuant aux pauvres de la paroisse de Saint-Laurent , à Paris , les secours qui leur étaient destinés, sœur Agathe remarqua un jeune enfant d'environ neuf à dix ans, qui, dès qu'il avait reçu sa portion, partait à toutes jambes sans y avoir touché.

Un peu de curiosité porta sœur Agathe à lui demander un jour pourquoi il ne mangeait pas, comme les autres, ce qu'elle lui donnait. Il répondit ingénument qu'il le portait à sa pauvre mère, qui sans cela mourrait de faim.

« Que fait votre mère, mon cher enfant?

— Hélas! ma sœur, elle est au lit, malade depuis plus d'un mois.

— Et votre père?

— Mon père est présentement en prison.

— Savez-vous pourquoi?

— Oui, ma sœur; depuis longtemps il était sans travail; pour nous faire vivre, il avait emprunté de l'argent qu'il s'était engagé à rendre à une époque déterminée; forcé qu'il fut de manquer à sa promesse, son méchant créancier, sans pitié pour notre misère, l'a fait enfermer. Ma mère est alors tombée malade de chagrin, et nous serions déjà morts de faim sans la générosité de nos voisins, qui veulent bien, de temps en temps, nous donner quelques morceaux de pain. Un d'entre eux nous fait avoir chaque jour un bon pour une soupe, et je viens la chercher pour ma bonne mère. »

En achevant ces mots, cet enfant ne put retenir ses larmes, qui firent bientôt place à la joie la plus vive, lorsque sœur Agathe lui dit qu'elle allait le suivre chez sa mère, lui porter quelques secours, et aviser aux moyens de rendre la liberté à son père. En effet elle y alla, et trouva cette infortunée à demi couchée sur un mauvais grabat ; la pâleur de la mort était sur son visage ; tout ce qui l'entourait annonçait la plus profonde misère.

Sœur Agathe s'informa plus en détail des causes de la détention du mari ; elle apprit qu'il était privé de sa liberté, faute d'avoir payé un engagement de cinq cents francs, dont la majeure partie provenait des intérêts énormes que leur faisait payer un juif; que cet homme infâme, voyant qu'il n'avait plus de gages à lui donner pour sûreté de ses avances, avait employé la rigueur ; que depuis ce moment la mère était tombée malade, et que, sans les aumônes des pauvres voisins, elle aurait succombé, ainsi que son enfant.

Sœur Agathe la consola, lui promit de faire en sorte de finir ses peines, et sortit. Aussitôt elle alla trouver le juif, cause de tant de désastres ; prit l'engagement de le payer sous huitaine, à condition qu'il ferait immédiatement mettre son débiteur en liberté. Cet homme y consentit, et le lendemain le pauvre père embrassa sa femme et son enfant.

Pendant ce temps, sœur Agathe faisait une quête dont le produit servit à meubler l'humble réduit de ces infortunés, et à procurer à la malade tous les soulagements dont elle avait besoin, et qui lui rendirent enfin la santé. Quelque temps après, elle leur procura un emploi, qui les mit en état de vivre honnêtement.

Faut-il maintenant montrer avec quelle ardeur les sœurs de la Charité travaillent au salut des âmes ?

Vers le milieu du dernier siècle il y avait à

l'hôpital de Bayonne un grenadier blessé mortellement; les secours les plus prompts n'avaient pu le sauver, et il était près d'expirer, lorsqu'une des sœurs de l'hospice, voulant du moins gagner au Ciel l'âme de ce brave, s'en approche, et lui adresse quelques paroles de consolation.

A sa vue, le soldat jette un cri terrible : ce malheureux, n'ayant jamais adoré le Créateur, se sent bientôt déchiré de remords; son imagination effrayée lui présente mille fantômes vengeurs, et ses derniers moments le rendent un objet d'épouvante pour tous. La sœur veut calmer son cruel délire; mais ses charitables soins ne sont payés que par des injures et des mauvais traitements.

« Mon frère, lui dit-elle, donnez votre âme à Dieu, afin de mériter un bien suprême qui n'aura pas de fin.

— Retire-toi, retire-toi, femme maudite, répond le grenadier.

— Eh quoi! réplique la sœur, pourriez-vous ne pas adorer Dieu? Pourriez-vous mépriser le bonheur qu'il assure à tous les justes?

— Je ne connais d'autre bonheur que celui de battre l'ennemi, interrompt le mourant.

— Cette pensée est digne d'un soldat français; mais, puisque le sort a trompé votre valeur, ne songez plus maintenant qu'à Dieu, et abandonnez-vous à lui.

— Encore une fois, laisse-moi, laisse-moi; je te déteste, et ton Dieu aussi!

— Ah! mon frère, vous me faites trembler. Au nom de votre propre salut, ouvrez les yeux à la lumière et ne blasphémez pas. »

En disant ces mots, elle détache le crucifix qu'elle portait à son cou, l'approche des lèvres du moribond, et d'une voix pleine de douceur. « Mon frère, continue-t-elle, voici l'image de ce Dieu que vous semblez méconnaître; le voici couché sur cette croix qui fut l'instrument de son supplice; il est mort pour vous sauver du péché, il est mort pour vaincre le démon qui maintenant cherche à perdre votre âme. Ce Dieu de miséricorde ne sera-t-il pas plus fort que l'esprit infernal qui veut votre damnation éternelle? Ce Dieu puissant aura-t-il vainement souffert pour vous la mort? Mon frère, mon frère, embrassez son image adorée, embrassez le Sauveur qui vous tend les bras! Un mot peut vous perdre, un mot peut vous sauver. »

Ces paroles semblent apaiser le soldat, il se calme; une immobilité étrange succède à son accès de rage; ses yeux s'ouvrent doucement : « Vos discours me soulagent, balbutia-t-il; mais que me parlez-vous de pardon, lorsque je n'ai rien fait pour le mériter?

— Mon frère, répond vivement la chaste sœur, vous avez défendu vaillamment votre patrie; c'est un titre à la clémence du Ciel, si votre dernier soupir est pour lui. »

Le soldat veut répondre, la force l'abandonne; il fait un effort, c'est pour approcher de sa bouche le christ que lui présente la sœur; il l'appuie sur ses lèvres glacées; un moment après il expire.

Quelle foule d'actions plus mémorables encore, entourées même aujourd'hui du voile du mystère, demeurées dans l'oubli, perdues pour l'édification du siècle! Quelles autres archives plus riches en faits sublimes que celles de la congrégation des sœurs de la Charité!... Mais elles restent cachées à tous les yeux; en vain l'historien les voudrait interroger ! On ne répond à ses vœux que par un humble silence.

Qu'est-ce, en effet, aux yeux de ces anges tutélaires de l'humanité que les applaudissements frivoles de ce monde, que ce tribut d'éloges et d'admiration qu'inspirent leurs vertus ? Humbles et modestes autant que généreuses, elles veulent faire le bien, mais demeurer ignorées ; consacrer aux pauvres, aux malades, aux orphelins, leur santé, leur fortune, leurs veilles, leur existence ; mais, loin de croire mériter les moindres louanges pour tant de sacrifices, elles pensent trop peu faire encore aux yeux de Dieu. Créatures angéliques ! votre récompense est au ciel, sans doute ; mais la vénération des hommes sera constamment votre partage sur la terre.

TROISIÈME ÉPOQUE.

L'affreux régime de 1793, qui foula aux pieds toutes les institutions divines et humaines, qui fit conduire un roi à l'échafaud, qui proscrivit tous sentiments de piété, de bienfaisance et d'humanité, qui fit triompher passagèrement l'ignorance, la bassesse, le crime, et les éleva sur les ruines sanglantes du trône et de l'autel ; ce régime de sang pouvait-il ne pas atteindre les pauvres sœurs de la Charité ?

Ces anges de vertu furent donc persécutées, emprisonnées, menées à l'échafaud. Tous les genres de cruauté furent épuisés à leur égard. Ces infortunées filles, pour nous servir des propres paroles du célèbre Burke, consacrées aux devoirs les plus sublimes de la religion et de l'humanité souffrante, furent traînées dans les rues, frappées de verges par ceux qui s'appelaient les *souverains* de la nation française. Cet indigne outrage fait aux mœurs, qui aurait trouvé des vengeurs jusque dans les pays les moins civilisés, ne fut ni puni, ni même censuré en France.

A combien d'humiliations et d'outrages les sœurs de la Charité ne se virent-elles pas en butte ! Ne frémirons-nous pas de l'avouer ? tant était grande la frénésie qui s'était emparée des basses classes du peuple, tant était délirant le vertige qui les agitait ! les pauvres mêmes, dont naguère encore ces vénérables sœurs s'étaient montrées les mères et les servantes, les pauvres les accablaient d'injures, de mauvais traitements, et, des verges à la main, les voulaient conduire à la messe des intrus qui venaient alors d'envahir le culte des églises!

ÉPISODES DE CETTE TROISIÈME ÉPOQUE.

Citerai-je le beau trait de la sœur Massal, de Saint-Sulpice? Rappellerai-je cette sœur Ponisignon, foulée aux pieds d'une populace infâme, au faubourg Saint-Antoine?

Mais en vain prétendit-on épuiser sur les sœurs de la Charité tous les genres de tortures, d'outrages, d'humiliations! Jamais ni les menaces, ni la perspective d'une mort assurée, ne purent ébranler leur courage.

Une d'elles a le malheur de plaire à l'un des complices de Robespierre. Il cherche, par tous les moyens possibles, à corrompre son innocence; il lui promet de l'élever à la fortune. Voyant que les promesses ne peuvent rien, que ses prières sont vaines, il emploie la menace, et lui fait entrevoir qu'il n'est qu'un moyen pour elle d'échapper à sa fureur. Fidèle à la vertu, cette sœur déclare qu'elle préfère la mort au déshonneur.

Soudain elle est arrêtée, jetée dans une étroite prison. Confiante en la divine Providence, cette vierge ne perd pas courage. Le Ciel entendit ses prières; quelques jours plus tard, son persécuteur recevait le châtiment de ses crimes.

La sœur Joseph fut moins heureuse. Attachée à l'un des hospices de Marseille, elle avait favorisé l'évasion de plusieurs royalistes arrêtés comme suspects, et leur avait procuré une retraite assurée. On la cite au tribunal révolutionnaire; elle est condamnée à périr, dans le cas où elle persisterait à déjouer les recherches de la police.

« Qu'on me mène à l'échafaud, » telle fut sa réponse; et elle mourut en invoquant la clémence de Dieu en faveur de ses bourreaux.

Combien de fois ne vit-on pas des sœurs maltraitées dans les rues par des forcenés! car l'habit de leur Ordre, qu'elles ne quittaient jamais, les exposait presque toujours aux huées de la populace. Alors elles répondaient à des imprécations par des paroles de paix, à des invectives révoltantes par la douceur et les prières. Il arriva donc, en plus d'une circonstance, que le peuple, ému et indigné, prit leur défense et se précipita sur les forcenés qui les outrageaient.

Un jour, notamment, quelques-uns de ces misérables furent blessés. Que firent les pauvres sœurs de la Charité? Elles se rendirent tout aussitôt dans la prison où gisaient leurs persécuteurs, pour y panser leurs blessures.

Qu'ajouter à de semblables traits? Le fait suivant achèvera de prouver quel est l'empire de la vertu, même sur des esprits égarés.

Un jour, trois sœurs de la Charité, allant visiter des malades, traversaient la place Saint-Michel. Une troupe de furieux s'élance, les entoure et les force à danser autour d'une perche surmontée d'un bonnet rouge. Elles obéissent sans murmurer, et de ce ton qui pénètre l'âme : « Oui, mes amis, disent-elles, dansons; mais n'oublions pas les pauvres malades. » Ces paroles produisirent leur effet; chacun des assistants s'empressa de déposer son offrande entre leurs mains; elles se retirèrent comblées des bénédictions de la multitude, et se hâtèrent d'aller distribuer le produit de la collecte qu'elles venaient de faire.

Ce fait rappelle l'anecdote du père Queyron. Ce vénérable pasteur se présente un jour chez un homme riche, mais inhumain. Il implore sa bienveillance pour des pauvres dont l'état affreux réclamait les plus pressants secours. Cet homme grossier, loin d'accueillir avec égard le message du père des pauvres, pour toute réponse, lui donne un soufflet.

Cet excès d'humiliation eût indigné, confondu tout autre que notre respectable ecclésiastique; mais lui, sans s'émouvoir, lui présente aussitôt l'autre joue, et lui dit : « C'est bien, voici pour moi; mais songeons maintenant aux pauvres; donnez-m'en un second, si cela vous plaît, pourvu que vous m'accordiez quelque secours pour la famille infortunée que je voudrais soulager. » Il obtint l'argent qu'il demandait.

Voilà l'humilité qu'enseigne la religion! Voilà par quelles armes les sœurs de la Charité ont toujours fait triompher la cause du malheur.

Quelques-unes d'entre elles apprennent qu'un seigneur étranger, puissamment riche, et qu'on disait humain, vient d'arriver à Paris. Elles se présentent chez lui et sollicitent l'aumône de sa générosité. Ce seigneur, ne comprenant pas d'abord trop bien le véritable but de leur mission, les reçoit avec une espèce de dédain :

« L'aumône, s'écrie-t-il, pour vous?

— Non, Monsieur, pour nos maîtres.

— Pour vos maîtres! réplique celui-ci plus étonné encore ; eh! quels sont donc ces maîtres assez éhontés?...

— Monsieur, ce sont les pauvres ; ils sont nos maîtres, nous sommes leurs servantes. »

A ces mots, le seigneur demeure interdit, stupéfait d'admiration ; et c'est au milieu des témoignages les plus éclatants de respect, qu'il dépose son offrande entre les mains de ces nobles servantes des pauvres.

Mais il est temps de nous arracher au souvenir des temps désastreux qui n'ont fait que trop gémir l'humanité. Revenons à des temps meilleurs ; arrivons à l'année 1801, époque du rétablissement de la congrégation des sœurs de la Charité.

Le rétablissement des sœurs de la Charité, dispersées si cruellement aux premiers jours de la révolution, fut un vrai triomphe pour elles, pour la religion, surtout à l'époque où il eut lieu, c'est-à-dire sous le consulat de la république française.

On voit, dans le décret rendu à ce sujet, que leur supérieure générale y est appelée la citoyenne Dulun. Les citoyens d'alors, quoique bien différents de ceux de 1793, voulurent d'abord exiger d'elles des changements analogues à l'esprit du temps, et dès lors contraires à l'esprit de leur état, aux règles de leur institut; mais elles eurent le courage de résister, de manière qu'elles sont restées aujourd'hui ce qu'elles étaient en sortant des mains de leur saint fondateur.

Il est inutile de dire avec quel empressement les filles de saint Vincent reprirent leur habit et leurs nobles travaux; mais ce qu'il importe de remarquer, ce sont les motifs qui les firent appeler, et dont les principaux sont : « Que les se-« cours nécessaires aux malades ne peuvent être

« administrés que par des personnes vouées par « état au service des hospices, et dirigées par l'en- « thousiasme de la charité; et que, parmi tous « les hospices de la république, ceux-là sont ad- « ministrés avec le plus de soin, d'intelligence et « d'économie, qui ont rappelé dans leur sein les « anciennes élèves de cette sublime institution, « dont le seul but est de former à la pratique de « tous les actes d'une charité sans bornes. »

On ne pouvait, certes, attendre un plus bel éloge de la part de la république, toute république qu'elle était; et, sans doute, il faut lui savoir gré d'avoir pris sur elle de faire un pareil aveu. Mais ce qu'elle ne jugeait pas prudent de dire, c'est l'état de solitude et d'abandon, de délabrement enfin où se trouvaient les hospices sous la main cupide de leurs régisseurs; c'est la dilapidation et le vol sacrilége du patrimoine des pauvres par ces infirmiers mercenaires, ces servantes à gages, qui ne faisaient qu'un vil métier de leur état.

Cependant, malgré toutes ses réticences obligées, ce décret n'en est pas moins le témoignage le plus solennel qu'on ne peut rien sans la religion, et qu'en dépit de ses ennemis il faudra toujours recourir à elle quand on voudra opérer le bien.

Les sœurs de la Charité, au premier signal que leur donna le gouvernement, se dévouèrent donc comme par le passé, bien convaincues que leur devoir sera toujours de faire des heureux. Elles ne se montrèrent sourdes ni à la voix du malheur, ni à celle des magistrats. Autant qu'il fut en leur pouvoir, elles secondèrent l'autorité supérieure. On trouva en elles le plus puissant auxiliaire que pût invoquer la charité.

Cependant leur position n'était rien moins que très-critique. Les biens qu'elles possédaient avant la révolution, les donations qu'elles tenaient de la générosité des dames de la Charité, les bâtiments même qu'elles habitaient jadis, tout était désormais perdu pour elles. Que firent-elles? un appel à la bienfaisance publique; leur voix fut écoutée. Les dames de la Charité reparurent avec une sainte joie, et peu à peu la société se rétablit sur ses premiers fondements.

Dès que le principal édifice fut reconstruit, les

sœurs de la Charité se répandirent sur tous les points de la France. Remplies des sentiments qui les avaient toujours animées, suffisamment instruites de leurs devoirs, il ne fut pas difficile de les replacer dans la route qu'elles avaient été forcées d'abandonner aux jours de la terreur. Des ordonnances, des décrets successifs les rendirent aux pauvres malades qui n'avaient, hélas! que trop senti leur absence; et si tous les maux ne furent point réparés, du moins est-il vrai de dire qu'elles en arrêtèrent les progrès. Elles ne voulurent rien changer au règlement du fondateur, et ses immortelles instructions furent, comme par le passé, suivies de point en point.

On forma partout des bureaux de charité, régis par des sœurs aussi vertueuses qu'expérimentées. La maison générale devint l'âme de toutes ces succursales. La prévoyance de celle qui en eut la direction s'étendit jusque sur les provinces les plus reculées; et son zèle animant ses pieuses disciples, le malheureux gisant au fond d'une chétive chaumière à deux cents lieues de la capitale reçut des secours aussi prompts, aussi efficaces que s'il eût été sous les yeux de la supérieure.

Nous pourrions citer mille traits admirables de dévouement de la part des sœurs de la Charité en faveur de nos pauvres soldats blessés. Pendant les diverses campagnes faites par les Français, depuis le consulat jusqu'à la restauration, ces vénérables sœurs, répandues tant à l'étranger que sur toute la surface de la France, ne cessèrent de montrer la plus vigilante ardeur, soit dans les hôpitaux, soit au milieu des horreurs de la guerre. Des milliers de braves doivent la conservation de leurs jours à leur zèle infatigable, à leur patience angélique. Aussi n'est-il pas un soldat français près de qui le seul titre de sœur de la Charité ne soit en vénération.

On rapporte qu'en 1811 un chef d'escadron, blessé mortellement au fort d'une action, fut placé dans un hôpital militaire; les médecins, après avoir à plusieurs reprises pansé sa blessure, désespérèrent enfin de ses jours. Une sœur de la Charité, émue de pitié à l'aspect de ce jeune brave qui allait périr aussi misérablement, conçoit l'idée de tenter sa guérison. Elle passe près de lui les jours et les nuits, lui prodigue tous les secours que lui suggère l'humanité; enfin, après dix jours de soins non ralentis, l'officier paraît donner quelques espérances. La sœur alors, bien qu'elle succombât sous le poids de ses fatigues, sent renaître toutes ses forces; elle redouble de soins, d'attentions, de zèle; elle invoque la Providence et la prie ardemment d'accomplir l'œuvre tant désirée de sa délivrance. Quelques jours après, ce jeune brave était rendu à la santé, à ses drapeaux.

La conservation de cet officier fut d'autant plus utile à sa patrie, que plusieurs années après, pour prix de ses beaux faits d'armes il parvint au grade de maréchal-de-camp. La gratitude fut toujours la vertu des belles âmes. Ce brave général, avant de retourner dans ses foyers, sentit le besoin d'aller acquitter la dette de la reconnaissance.

Il se rend dans cette même ville où douze années auparavant il avait été laissé pour mort; il s'informe de la bonne sœur qui lui avait si miraculeusement sauvé la vie; il apprend qu'elle existe encore ; il vole à l'hôpital. « Où est-elle? où est-elle, cette bonne sœur ? s'écrie-t-il à haute voix ; ma mère, mon sauveur, ma libératrice ! »

A peine l'a-t-il aperçue, qu'il se précipite à ses pieds, baise ses mains, les arrose de larmes. La respectable sœur ne le reconnaissant pas d'abord fut étonnée, interdite, et crut que le général se méprenait ; mais elle ne tarda pas à se rappeler le jeune chef d'escadron qu'elle avait douze années auparavant rendu à la vie.

Confuse de tant de témoignages de reconnaissance, elle veut s'y soustraire ; mais c'est en vain, et le général, du ton le plus pénétré, lui dit enfin : « Vénérable sœur, que puis-je faire aujourd'hui pour vous ? Vous le savez, je vous dois l'existence ; toute ma fortune vous appartient... parlez, que voulez-vous ?

— Rien, mon fils ; je n'ai rempli que mon devoir envers vous ; en secourant les infortunés, je ne fais qu'accomplir la volonté de Dieu ; remerciez donc la Providence, seule elle a tout fait.

— Eh quoi ! vous pourriez repousser le tribut de ma gratitude ?

— D'ailleurs, mon fils, ce n'est point à mes pieds...

— Que dites-vous, ma sœur ? Je m'honore au contraire en courbant ainsi mon front devant vous. Eh ! que sont le rang, les dignités de ce monde devant la sublimité de votre ministère ? Je vois que mon cœur peut seul s'acquitter envers vous de tout ce qu'il vous doit ; mais permettez-moi du moins de consacrer le souvenir de mon entrée dans cet hôpital. Voici dix mille francs ; vous en ferez l'emploi que vous jugerez convenable en faveur des pauvres et des malades. » Il dit et prit congé de la vénérable sœur, ayant encore les larmes aux yeux et cédant à son admiration.

Un fait à peu près semblable eut lieu à l'époque des désastres de l'armée française en Russie. Un officier supérieur français, blessé à la bataille de la Moskowa, était resté en Pologne, où il avait trouvé dans un hospice, administré par des dames et des sœurs de Saint-Vincent, les secours les plus empressés. Sa santé s'étant entièrement rétablie, il adressa de vifs remerciements à toutes ces dignes femmes, et particulièrement à celle qui avait le plus constamment pris soin de lui.

Pour lui témoigner sa reconnaissance, il lui présenta une bourse pleine d'or et la supplia de l'accepter. La bonne Thérèse Plowski (c'était son nom) la prit ; mais elle dit à l'officier : « Je l'accepte, Monsieur, parce que je crois que votre cœur seul vous guide ; toutefois vous m'avez fait injure si vous avez pensé que je fusse capable d'accepter cet or pour moi. Dieu, en nous recommandant d'exercer la charité, nous défend d'en retirer aucun salaire. C'est pour l'amour de lui et de nos semblables que nous faisons le bien. Quant à la récompense que nous en attendons, il n'appartient qu'à lui de nous la donner. Je veux cependant vous prouver que j'apprécie le témoignage de votre reconnaissance, et devant vous je vais en faire l'usage qui plaît le plus à Dieu. » Aussitôt elle distribua aux pauvres blessés de l'hôpital l'or qu'elle avait reçu.

Un autre trait que voici n'est pas moins digne d'admiration.

En 1814, la ville de Metz et ses environs furent

ravagés par le typhus ; nos braves et malheureux soldats en ressentirent les atteintes de la manière la plus cruelle. L'encombrement des hospices ne permettant pas de les y admettre tous, on les voyait jetés pêle-mêle sur la route, luttant contre la mort et poussant de douloureux gémissements. Les sœurs de la Charité accoururent, et l'espérance rentra dans tous les cœurs. Tout ce que la religion peut inspirer de plus touchant fut mis en œuvre par ces pieuses femmes. Ni les progrès de la maladie, ni la rigueur de la saison, ni les chemins affreux qu'elles avaient à parcourir, ni les dangers que les circonstances faisaient naître à chaque instant, rien ne put les arrêter. Elles prodiguèrent leurs soins avec une ardeur et une persévérance si soutenues, que des milliers de soldats recouvrèrent en peu de temps la force et la santé.

Et tandis qu'un certain nombre de sœurs s'immortalisaient à Metz, leurs compagnes se faisaient admirer ailleurs, partout où se montrait le danger, partout enfin où nos soldats réclamaient leur présence.

Ainsi nous voyons les filles de la Charité remplir à la fois les fonctions de Marie et celles de Marthe ; mêler l'activité du zèle au saint recueillement de la vie contemplative ; porter au milieu de la société les vertus paisibles du cloître, et réunir à la plus grande sévérité pour elles-mêmes la plus tendre sensibilité pour tous les malheureux.

O rares et touchantes merveilles de la piété chrétienne ! Pourrons-nous assez admirer cette patience inaltérable et ce courage magnanime à surmonter tous les dégoûts qui semblent invincibles, et cette héroïque abnégation, et cette mâle énergie qui les fait triompher de la compassion même qui les anime?

Quelle force inconnue soutient ce sexe délicat ? Quelle main les défend et repousse loin d'elles les maux qu'elles soulagent ? Par quel miracle sauvent-elles leur vie , ainsi que leur vertu ? Est-ce une colonne protectrice qui marche devant elles ? Est-ce un rayon de la gloire divine qui brille sur leur front ?

Les écrits du monde ne disent rien de leur courage habituel; ils n'exaltent point ce sacrifice continu du jour et de la nuit; et que le Ciel en soit béni. Il existe donc des âmes sublimes pour lesquelles accomplir de si grands biens n'est qu'un devoir commun, ordinaire, dont personne ne parle? Tout pour Dieu, tout pour la vertu, rien pour l'amour-propre, pour l'intérêt, pour la fortune, peut-être même pour la considération.

Combien tant de privations, de sacrifices, de travaux pénibles paraîtront plus méritoires encore, si l'on songe que plusieurs d'entre ces respectables sœurs se sont jadis dérobées aux douceurs d'une vie délicate et molle pour embrasser cette vocation que leur prescrivait Dieu dans un moment d'épreuves!

L'une, comme sœur Henriette Baudouin, dame jeune, riche et belle, eut le malheur de perdre un fils adoré. Sa douleur fut si vive, qu'elle était sur le point de le suivre au tombeau; une voix céleste l'arrête. Elle a donc vécu, mais pour le bien de l'humanité. Sa mémoire est chère encore aujourd'hui à des milliers d'infortunés.

Une autre jeune personne de distinction, nommée Amélie S***, avait été sur le point d'unir son sort à celui de l'homme qu'elle aimait... il meurt; soudain elle renonce au monde ; elle ne veut plus vivre, comme sœur Henriette, que pour le bien de l'humanité. Voici le touchant récit des vœux de sœur Amélie.

Déjà s'illuminaient pour elle les flambeaux de l'hymen; son jeune cœur battait d'espérance. Tout à coup, ô malheur ! une mort terrible, inattendue, frappe le jeune époux. Les flambeaux d'hyménée se changent en torches funèbres. Infortunée ! sa bouche n'a plus de paroles, ses yeux sont sans larmes. Muette, inanimée, elle contemple cette tombe qui a dévoré toutes ses affections; vainement une famille entière dont elle est l'idole cherche à distraire ses douleurs; les consolations qu'on lui prodigue frappent son oreille sans pénétrer jusqu'à son cœur. Que lui importent le monde, l'avenir, ses charmes, sa jeunesse? Celui qu'elle nommait déjà son époux n'a-t-il pas tout emporté avec lui?

Cependant la religion a fait entendre sa voix; aux accents de cette mère céleste, le cœur d'Amélie s'est ranimé ; le plaisir lui est désormais interdit ; mais ne peut-elle être heureuse du bonheur d'autrui ? « A l'ombre des autels vivent, se dit-elle, de pieuses femmes dont tous les instants sont consacrés à soulager les maux de l'humanité. S'élevant au-dessus de leur sexe, ces chastes héroïnes oublient l'homme pour ne l'apercevoir qu'à travers le prisme de la charité. Dans leur dévouement sublime, elles secourent également le chrétien, le Juif, l'idolâtre ; les plaies les plus rebutantes, les maladies contagieuses, rien ne peut effrayer leur courage. Elles ont des soins pour toutes les douleurs, des consolations pour toutes les infortunes ; le pauvre et l'infirme tant de fois soulagés par leurs mains les nomment des anges de paix ; c'est parmi ces femmes vénérables que je veux un asile. »

Ces richesses qu'elle devait partager avec un époux deviennent aussitôt le patrimoine des pauvres ; cet usage adoucit l'amertume de ses regrets. Avec quels transports sa bouche prononce le serment qui la lie à la cause des malheureux ! Hélas ! ce serment lui en rappelle un autre aussi solennel. A cette idée une larme furtive s'échappe de sa paupière ; mais cette larme est la dernière ; elle n'en donnera plus désormais qu'aux souffrances, aux misères de l'humanité.

Brûlant de marcher sur les traces des vierges sacrées qui l'environnent, la jeune sœur passe les jours et les nuits dans ces salles où languissent sur des lits de douleur des milliers d'infortunés. Jadis vingt serviteurs prévenaient ses moindres désirs ; maintenant ses mains délicates se prêtent aux travaux les plus pénibles et les plus rebutants. Mais son zèle ne se borne pas à secourir les malades renfermés dans l'enceinte d'un hospice ; elle parcourt tous les réduits de la misère, et va chercher le malheureux au fond d'un faubourg reculé.

Voyez-la dans ces rues populeuses qu'elle traversait naguère emportée sur un char rapide ; elle ne marche pas, elle vole. Enfin elle pénètre dans cette étroite mansarde où depuis un mois languit un vieillard infirme ; sa femme, ses enfants, réunis autour de la couche de douleur, versent des larmes ; déjà la mort s'avance... la jeune sœur paraît; messagère de paix, elle apporte l'espérance, et bientôt ses soins dérobent la victime à la tombe qui s'entr'ouvrait.

Je pourrais bien ajouter par mille autres récits non moins touchants aux beautés de l'histoire des sœurs de la Charité, mais je crois en avoir assez dit pour exciter la vénération la plus profonde de mes jeunes lecteurs. Ils s'écrieront donc comme moi, dans l'élan de leur enthousiasme, en s'adressant à ces nobles filles du ciel : « Allez, jeunes et intéressantes vierges, allez répandre sur toute la terre vos consolations salutaires ; allez chercher jusque sous le chaume le malheureux près de périr de misère et de souffrance ; abandonnez sans regrets les vaines pompes du monde, les plaisirs qui vous entourent ; quittez avec joie ces fastueux ornements d'un luxe frivole pour revêtir la bure grossière. Que ces mains délicates se vouent sans retour au service du pauvre ; qu'elles l'assistent dans ses besoins et ses travaux les plus pénibles ; que les fatigues les plus dures et les plus longues ne vous rebutent point ; la couronne des justes est suspendue sur vos têtes ; méritez qu'elle y reste éternellement posée par la pratique des bonnes œuvres.

On peut évaluer à plus de trois cents le nombre des maisons de Charité établies en France, et appartenant toutes à cet Ordre admirable ; celui des sœurs est d'environ deux mille cinq cents. Si l'on récapitule le nombre des unes et des autres, tant en France qu'à l'étranger, il ne paraîtra pas exagéré de faire monter les premières à quatre cent cinquante, et les secondes à cinq mille.

CHAPITRE V.

DERNIERS FRUITS DE L'OEUVRE DE VINCENT DE PAUL.

Une gloire bien grande pour l'œuvre de Vincent de Paul, c'est non-seulement de s'être perpétuée depuis deux cents ans, mais d'être devenue la semence inspiratrice et féconde, la source première, intarissable, le modèle de toutes les œuvres de bienfaisance et de charité que voit accomplir notre époque ; c'est d'avoir donné naissance à un nombre infini de congrégations, d'institutions pieuses concourant au même but : celui de secourir les pauvres, les malades, les prisonniers, les orphelins ; c'est qu'enfin même une honorable association s'est fondée, de nos jours, sous le titre de *Société de Saint-Vincent-de-Paul,* pour recueillir, comme un précieux héritage, et faire fructifier, dans les âmes de la génération qui s'élève, les semences admirables de la charité léguées à son propre siècle par ce saint prêtre, bienfaiteur de l'humanité.

SOCIÉTÉ DE SAINT-VINCENT-DE-PAUL.

« Soyez humbles, a dit Vincent de Paul à ses enfants, et vous serez charitables ; soyez bien humbles, et vous aurez le cœur sur la main. » Les premières règles imposées aux membres de cette Société ont donc été celles-ci : apprendre à se connaître et à s'aimer entre eux ; apprendre à connaître, à aimer, à servir les pauvres de Jésus-Christ.

Cette societé a ainsi pour unique élément de vie et d'action cette piété douce, patiente, active, qui souffre tout, ne se rebute jamais, qui s'oublie toujours elle-même pour le soulagement de l'humanité ; elle réunit à la charité, que le Sauveur des hommes a poussée jusqu'à ses dernières limites, l'humilité que son cœur nous a montrée.

Elle a ses *Conférences* sur les divers points de la France ; son jour de fête titulaire et solennel, celui de l'Immaculée Conception de la sainte Vierge ; elle a, de plus, un sermon annuel, des quêtes abondantes et jusqu'à d'ingénieuses loteries d'objets d'art, fondées par l'œuvre du patronage, enrichies des dons de la famille royale et des personnes les plus éminentes qui viennent tous les ans accroître et vivifier les ressources de cette grande fondation charitable.

Les premiers promoteurs de cette association ont raconté bien simplement eux-mêmes de quelle manière s'était formée d'abord, puis insensiblement constituée la *Société de Saint-Vincent-de-Paul.* En nous bornant à citer quelques fragments de leur touchant récit, nous nous trouverons suffisamment édifiés sur le mérite d'une pareille œuvre.

« Notre petite réunion portait d'abord le titre de *Conférence de Charité de Saint-Vincent-de-Paul;* on lui donna ce nom dès le commencement, afin de ne pas oublier les circonstances de son origine, que personne en particulier ne pouvait s'attribuer. Quelques-uns de nous, en se livrant à la défense des dogmes de la religion, pensèrent que ce n'était pas assez de parler, mais qu'il fallait aussi agir; de là les œuvres auxquelles ils s'adonnèrent; de là la *Conférence de Charité*.

« Devenus nombreux, forcés conséquemment de nous diviser en sections, plusieurs d'entre nous d'ailleurs désirant se réunir dans d'autres villes où désormais ils se voyaient obligés de résider, le nom de *Conférence* est resté à chacune des sections, qui toutes sont comprises sous la dénomination commune de *Société de Saint-Vincent-de-Paul.*

« C'est un mouvement de piété chrétienne qui nous a réunis; c'est pourquoi nous ne cherchons pas ailleurs que dans l'esprit de la religion, dans les exemples et les paroles de Notre-Seigneur, dans les enseignements de l'Église et la vie des saints, les règles de notre conduite; c'est pourquoi nous sommes placés sous le patronage de la sainte Vierge et de saint Vincent de Paul, auxquels nous vouons un culte particulier et dont nous nous efforçons de suivre les traces.

« Jésus-Christ a voulu d'abord pratiquer ce qu'il devait ensuite enseigner aux hommes. Notre désir est d'imiter, suivant nos faibles forces, ce divin modèle. La fin de la Conférence est donc : 1° de maintenir ses membres, par des exemples et des conseils mutuels, dans la pratique d'une vie chrétienne; 2° de visiter les pauvres à domicile, de leur porter des secours en nature, de leur donner aussi des consolations religieuses, en souvenance des paroles de notre divin Maître, 3° de nous apppliquer, selon nos facultés et le temps que nous en avons, à l'instruction élémentaire et chrétienne des enfants pauvres, soit prisonniers, soit libres; 4° de répandre des livres moraux et religieux; 5° de nous prêter à toutes sortes d'autres œuvres charitables auxquelles pourraient suffire nos ressources.

« *La Société de Charité* doit s'appliquer à acquérir et à pratiquer toutes les vertus; il en est pourtant quelques-unes qui conviennent davantage à ses membres, pour l'accomplissement des fonctions charitables dont ils se chargent : il faut mettre de ce nombre l'abnégation de soi-même, la prudence chrétienne, un amour charitable du prochain, le zèle du salut des âmes, la mansuétude du cœur et des paroles, et surtout l'esprit de fraternité.

« Ils doivent, par conséquent, méditer les maximes évangéliques qui recommandent ces vertus, et en faire la règle de leur vie.

« 1° Il faut entendre, par abnégation de soi-même le détachement de son propre sens. L'homme amoureux de ses pensées tient en dédain celles des autres. Nous acquiescerons donc volontiers à l'avis des autres, et nous ne serons pas contristés quand nos propositions ne seront point accueillies par eux. Notre bienveillance mutuelle sera du fond du cœur et sans bornes. Nous éviterons également tout esprit de contention avec les pauvres; nous ne nous tiendrons point pour offensés s'ils ne se rendent pas à nos conseils ; nous n'essaierons pas de les leur faire accepter d'autorité et avec commandement ; nous nous contenterons de proposer ce qui est bien, d'exhorter vivement à sa pratique, laissant à Dieu le soin de faire fructifier nos paroles, si c'est sa volonté.

« 2° Parmi les pauvres, les uns ont le bonheur d'être chrétiens, d'autres sont indifférents, plusieurs même impies. Nous ne devons pas les repousser, même dans ce dernier cas; mais notre langage doit être différent, suivant les dispositions de ceux à qui nous nous adressons, nous souvenant que Jésus-Christ recommande à ses disciples d'unir la prudence du serpent à la simplicité de la colombe. Le bienfait ouvre les âmes à la confiance; c'est donc par l'aumône corporelle que nous nous préparons les voies à l'aumône spirituelle. Saint Vincent de Paul recommandait souvent de n'essayer celle-ci qu'après avoir prodigué celle-là.

3° *L'amour du prochain et le zèle du salut des âmes,* c'est toute la Conférence de Charité ; celui qui ne serait point animé de ce double sentiment, qui se confond en un seul chez un chrétien, ne devrait pas en faire partie. Nous ne murmurerons jamais des démarches, des fatigues, des rebuts même auxquels l'exercice de la charité nous condamnera. Nous nous sommes exposés à tout cela en nous associant pour le service du prochain. Nous ne regretterons pas davantage les sacrifices pécuniaires que nous ferons à notre œuvre, nous estimant heureux d'offrir quelque chose à Jésus-Christ dans la personne des pauvres, de pouvoir apporter quelque soulagement à ses membres souffrants...

« 4° Notre divin modèle a été doux et humble de cœur ; notre patron, saint Vincent de Paul, n'a eu rien tant à cœur que la mansuétude et l'humilité, qui sont inséparables. Nous serons entre nous pleins d'égards et de prévenances ; nous le serons également envers les pauvres que nous visiterons. On n'a puissance sur les âmes que par la douceur. C'est surtout quand il s'agit de donner des conseils, d'exhorter à la fuite du mal et à la pratique du bien, que l'esprit de douceur et d'humilité est nécessaire.

« Ce qui achèvera de rendre la *Société de Charité* bonne à ses membres et édifiante pour les autres, c'est l'esprit de fraternité. Fidèles aux recommandations de notre divin Maître et de son apôtre favori, nous nous aimerons les uns les autres. Nous nous aimerons maintenant et toujours, de près et de loin, d'une Conférence à une autre Conférence, d'une ville à l'autre, d'un pays à un autre pays. Cette amitié nous rendra facile le support de nos défauts réciproques; alors, pour nous conformer à la volonté de celui qui a commis à chacun la garde de son prochain, avec toutes les effusions d'une amitié sincère, nous avertirons ou ferons avertir notre frère chancelant ou tombé; nous l'aiderons à s'affermir dans le bien ou à se relever de sa chute. Si quelque membre de la Conférence devient malade, ses confrères le visiteront, le garderont s'il y a lieu, lui adouciront les ennuis de la convalescence; en un mot, les peines et les joies de chacun de nous seront communes à tous, suivant le conseil de l'Apôtre, qui nous dit de pleurer avec ceux qui pleurent, de nous réjouir avec ceux qui se réjouissent. L'union des membres de la Conférence de Charité de Saint-Vincent-de-Paul sera citée comme un modèle d'amitié chrétienne, d'une amitié plus forte que la mort.

« Ce sentiment, qui fera parmi nous de tous les cœurs un seul cœur, de toutes les âmes une seule âme, nous rendra chère notre petite société fraternelle ; nous la bénirons à cause du bien, quelque minime qu'il soit, qu'elle nous a mis à même de faire ; nous l'aimerons tendrement, et même d'une affection plus grande que toute œuvre semblable, non à cause de son excellence ou par orgueil, mais comme des enfants bien élevés aiment une mère pauvre et difforme, plus que toutes les autres femmes, quelque remarquables qu'elles soient par leurs richesses et par leurs grâces. »

Combien ce pieux règlement de la *Société de Saint-Vincent-de-Paul* est digne en tout point du saint prêtre qui l'inspira ! On y retrouve tous les sentiments, tout l'esprit de charité, d'humilité de celui dont la devise constante n'avait cessé d'être celle-ci : « Je suis pour Dieu et pour les pauvres. » Or en voici la conclusion dernière.

« Réunis ou séparés, de près ou de loin, aimons-nous, aimons et servons les pauvres. Aimons cette petite société qui nous a fait connaître les uns aux autres, qui nous a mis dans la voie d'une vie plus charitable et plus chrétienne. Aimons nos usages, aimons nos règles; si nous les gardons fidèlement, croyons bien qu'elles nous garderont, qu'elles garderont notre œuvre. Oh! combien nous nous féliciterons un jour de n'avoir pas laissé passer inutiles les jours de notre jeunesse! La jeunesse est un champ où il faut moissonner. Ne le traversons pas rapidement, sans nous mettre en peine de l'avenir; regardons autour de nous; ramassons avec soin les épis qui sont à nos pieds; faisons un peu de bien; ce bien sera la gerbe de provision pour la vie; ce bien, nous en tirerons un grand profit devant le Seigneur. »

CONGRÉGATIONS DE CHARITÉ.

Nous avons dit qu'un nombre infini de congrégations pieuses s'élevèrent à l'instar de celles des filles de saint Vincent de Paul ; c'est ainsi qu'on vit dans le dernier siècle s'établir tant à Paris que sur toute l'étendue de la France, les sœurs de Saint-Thomas-de-Villeneuve, de Saint-André, de la Maternité, du Sabot, de la Sagesse ; les sœurs Charlotte, les dames du Calvaire ; les sœurs de Saint-Charles de Lorraine, de Besançon, de Nevers, de Chartres ; les dames du Bon-Sauveur de Caen, les sœurs de Sainte-Camille, etc.

Nous n'avons point à discuter le plus ou moins grand mérite de ces congrégations, à comparer les services plus ou moins efficaces qu'elles rendent à l'humanité. Elles tendent toutes au même but ; elles apportent une égale sollicitude à soulager les misères de l'espèce humaine ; leurs intentions sont également louables et pures. Le temps décidera seul à laquelle de ces congrégations nous devrons un plus ample tribut de reconnaissance.

Chacune de ces confréries se voue à un genre spécial d'infirmités ; elles ont chacune leurs attributions, leurs vocations distinctes. C'est ainsi que les *Sœurs Charlotte* se dévouent exclusivement au service des prisonniers ; souvent même elles accompagnent dans la fatale charrette celui que la loi condamne au dernier supplice.

Les *Dames du Calvaire* font, pendant les cérémonies religieuses, mémoire des braves morts au champ d'honneur.

Les *Sœurs de Saint-Thomas-de-Villeneuve* se consacrent au traitement des maladies les plus rebutantes.

Les dames de Besançon, de Nevers, de Chartres (qui portent le nom spécial de *Sœurs de la Charité*, bien qu'elles n'aient rien de commun avec nos bonnes sœurs hospitalières), se livrent au soulagement des malades et des infirmes.

Les *Dames du Bon-Sauveur de Caen* prennent soin à la fois des aliénés, des personnes blessées par accident, des sourds-muets et des petites filles appartenant à des familles pauvres.

Les *Sœurs de Sainte-Camille* assistent surtout les pestiférés.

Plusieurs de ces congrégations sont trop connues de tous les amis de l'humanité, pour qu'il soit besoin d'entrer dans les détails de leur administration intérieure. L'établissement du *Bon-Sauveur* de Caen mérite toutefois une mention particulière.

LE BON-SAUVEUR DE CAEN.

Cette maison religieuse fut fondée en 1720 par une demoiselle de Caen, nommée Anne Leroy, pour remplacer l'institut de la Visitation que l'on doit à saint François de Sales, et rendre à la société les services que ce vertueux prélat en attendait : ils étaient nuls pour l'humanité depuis que les religieuses de la Visitation avaient adopté la clôture.

Le *Bon-Sauveur* de Caen s'est maintenu pendant la révolution à cause de son utilité. En 1804, les dames se sont transportées avec les malades qu'elles soignaient en un local situé dans l'un des plus beaux faubourgs de la ville.

En 1817, on a commené à y instruire des sourds-muets, les hommes aliénés y sont entrés en 1818. Depuis la fondation de l'établissement, les dames du *Bon-Sauveur* ont soigné des femmes atteintes d'aliénation.

La maison du *Bon-Sauveur* comprend des divisions bien distinctes les unes des autres. La première est destinée aux aliénés. Des édifices séparés, de petites maisons isolées, des jardins, des prairies, des champs, tous les moyens possibles de distraction, d'isolement analogue à chaque genre de maladie, se trouvent dans cette maison, disposée d'après le plan le plus étendu.

La seconde division est une sorte de dispensaire pour servir les malades et les personnes blessées par accident ou autrement qui se présentent, et leur donner les premiers secours dans un vaste local préparé à cet effet.

Au dehors, deux religieuses visitent constamment les pauvres dans leur domicile, et la maison leur fournit des bouillons, des médicaments, le bois, enfin tout ce qui peut rendre la santé à des hommes pour qui elle est si précieuse et si nécessaire.

Un autre établissement est destiné aux sourds-muets ; ils y sont instruits d'après l'excellente méthode du vénérable abbé Jamet, qui passe pour être préférable à celle qu'on emploie communément dans les autres écoles de France.

Enfin une école gratuite y est constamment ouverte à plus de cent petites filles de six à douze ans, appartenant presque toutes à des familles pauvres du voisinage. L'influence de l'éducation morale et religieuse qu'elles reçoivent au *Bon-Sauveur* se fait sentir d'une manière très-marquée sur les mœurs des habitants de ce quartier.

Tels sont les établissements dont le *Bon-Sauveur* se compose ; c'est un ensemble immense dans lequel chaque partie, quoique distincte, semble ne former qu'un seul tout, dont les religieuses font seules le service avec une activité, avec un zèle admirables. Leur nombre y est considérable ; elles sont chargées de tous les ouvrages de la maison ; elles fournissent des maîtresses d'école pour la campagne ; elles vont soigner les malades partout où des épidémies se déclarent, et souvent elles ont trouvé la mort pour récompense de leur courageux dévouement.

A qui le *Bon-Sauveur* a-t-il dû surtout son éclat et sa prospérité ? A un homme que les sourds-muets regardent comme un père, les pauvres comme un bienfaiteur, les aliénés comme un ami, les malheureux comme un consolateur, enfin au vénérable abbé Jamet, supérieur, directeur du *Bon-Sauveur*.

LES SŒURS DE SAINTE-CAMILLE.

Les sœurs de Sainte-Camille se sont, depuis l'affreuse peste de Barcelone surtout, couvertes d'une gloire immortelle. Il est vrai que lors de la guerre d'Espagne, plus de soixante des filles de Saint-Vincent briguèrent l'honneur de se rendre en Espagne pour y affronter les périls et la mort, et sauver aux dépens de leur vie les milliers d'infortunés que dévorait chaque jour un horrible fléau; mais faisant preuve de soumission, elles durent cette fois céder à d'autres la gloire de mériter les palmes du martyre.

Ainsi l'histoire dira que deux sœurs de Sainte-Camille, Joseph Morelle et Anne Merlin, se rendirent, par le plus généreux dévouement, au sein d'une ville désolée; que, bravant les dangers les plus affreux, on les vit pénétrer dans les maisons pestiférées pour arracher mille victimes à la mort, parcourir les hôpitaux pour y prodiguer des soins et des consolations, presser même dans leurs bras les malades les plus désespérés pour leur rendre un courage qui souvent les abandonnait elles-mêmes, et les rappeler enfin à la vie.

L'histoire dira qu'oubliant leur patrie, leurs amis, leur famille, s'oubliant elles-mêmes pour arrêter partout les progrès d'une mort rapide, dévorante, elles donnèrent à l'univers entier le modèle d'un héroïsme de charité dont on chercherait vainement des exemples dans l'histoire des peuples. Belzunce! Belzunce! que ta grande ombre a dû se réjouir à l'aspect de si glorieux travaux! La France a payé d'une pension un dévouement si admirable, une charité si sublime; mais la véritable récompense des sœurs Morelle et Merlin n'était pas au pouvoir des hommes, elle n'est pour elles qu'au ciel.

LA SŒUR MARTHE.

J'ai fait mention des sœurs de Besançon, et n'ai rien dit de la célèbre sœur Marthe Biget. Pourrais-je donc passer sous silence cette héroïne de la charité? Il n'est personne en Europe qui n'ait entendu parler de son constant dévouement pour venir au secours des prisonniers, des malades, des blessés de toutes nations, et des succès étonnants qu'elle a obtenus de son zèle depuis la suppression des communautés religieuses, sans autre secours que son ardente charité. Cette respectable sœur est décédée à Besançon, le 29 mars 1824, à l'âge de soixante-quinze ans. C'est une des plus grandes pertes qu'ait pu faire l'humanité.

INSTITUTIONS CHARITABLES.

Mais tandis que de nombreuses congrégations de sœurs répandent le baume de la charité sur toute la France, des dames, honneur du siècle, gloire de leur sexe, rivalisent avec ces dignes sœurs de piété et de bienfaisance.

SOCIÉTÉ DE CHARITÉ MATERNELLE.

En tête des noms respectables qui viendront bientôt se placer sous notre plume, nous voyons avec orgueil figurer ceux d'augustes princesses, surtout celui de la reine des Français, qui étend sa protection et ses bienfaits sur mille sociétés charitables qui tiennent annuellement des dons de sa munificence. La reine est, en outre, présidente de la *Société de Charité maternelle* de Paris, admirable institution qui propage ses ramifications sur quarante-deux des principales villes de France.

La Société maternelle de Paris, qui a pour vice-présidentes la marquise de Lillers, les comtesses Gérard et de Bondy, a pour but de secourir les pauvres femmes en couches, de pourvoir aux besoins et d'aider à l'allaitement de leurs enfants. Son siége principal est à Paris; ses succursales sont à Amiens, Angers, Angoulême, Arles, Auxerre,

Avignon, Bordeaux, Bourg, Bourges, Brest, Carcassonne, Châlons, Dijon, Draguignan, Elbeuf, Evreux, La Rochelle, le Mans, Lille, Limoges, Lyon, Marseille, Metz, Montauban, Montpellier, Moulins, Nantes, Narbonne, Niort, Orléans, Pau, Poitiers, Reims, Rennes, Rouen, Strasbourg, Toulon, Toulouse, Tours, Troyes. Partout les vues de l'auguste protectrice sont remplies. Le zèle, l'ordre, l'économie, la piété sont la base de cette Société, dont les bienfaits sont immenses.

Et vous, dames charitables qui secondez si puissamment la munificence d'une noble reine, ne vous doit-on pas le tribut d'une juste admiration, comme tant de mères infortunées vous doivent celui d'une reconnaissance éternelle? Les noms des d'Aligre, des de Herse, des Traversai, des Lamoignon, des Fouquet, des Pollaillon, des Marillac, des Miramion, étaient jadis inséparables de celui de Vincent, du bienfaiteur de l'humanité. Les vôtres méritent aussi d'être inscrits dans les fastes de l'histoire; l'humanité n'a rien perdu, puisqu'elle a pour soutien de tant d'œuvres de bienfaisance, pour protectrices des *Salles d'asile* les Pastoret, les Molé, les Salvandy, les Massa, les Decazes, les de Bondy, les Dolomieu, les Mollien, les Délessert, les Canssin de Perceval, les Delaborde, les Loban, les Tolozé, les Jules Mallet, et tant d'autres encore.

LES QUINZE-VINGTS.

Parmi les établissements de bienfaisance susceptibles d'exciter le plus d'intérêt, je placerai en première ligne ceux des aveugles. L'hôpital royal des *Quinze-Vingts*, rue de Charenton, fut fondé par saint Louis en 1260, pour trois cents pauvres aveugles : d'où son nom de *Quinze-Vingts*. Les bienfaits de Louis XVIII ont rendu à cet hôpital les revenus dont il jouissait en 1789. Aussi ce monarque peut-il en être regardé comme le second fondateur.

Depuis la Restauration, sept cents pensions, savoir : cent de 200 francs, deux cent cinquante de 150 francs, et trois cent cinquante de 100 francs, ont été successivement créées pour des aveugles externes; on espère en créer encore pour des admis soit aux places d'aveugles internes, soit aux pensions; il faut être dans un état de cécité absolue et d'indigence constatée. Le choix se fait parmi les aveugles de tous les départements; ainsi toute la France participe aux bienfaits de cette belle institution.

LES JEUNES AVEUGLES.

Mais c'était peu de pourvoir au soulagement des pauvres aveugles avancés en âge; il fallait bien s'occuper aussi des enfants des deux sexes atteints de cette cruelle infirmité. Le roi Louis XVI créa donc, en 1791, l'institution royale des *Jeunes-Aveugles;* et Valentin Haüy, qui avait alors formé, en France, un établissement pour l'éducation des aveugles, en fut le premier instituteur.

Cette maison est établie boulevard des Invalides; elle est régie par une administration bienfaisante composée de cinq personnes, non moins recommandables par leurs vertus que par leurs talents.

L'institution des Jeunes-Aveugles, que dirige M. Dufau, est consacrée à l'instruction de cent vingt jeunes garçons et filles aveugles, qui sont entretenus gratuitement, pendant huit années, aux frais de l'État. Les enfants ne doivent avoir ni moins de dix ans, ni plus de quatorze; ils doivent être frappés d'une cécité complète, n'avoir point de maladie contagieuse, n'être point en idiotisme, être enfin porteurs d'un certificat de bonne conduite et d'indigence. On voit que la prudence et la justice dirigent cette administration paternelle.

LES SOURDS-MUETS.

Un troisième établissement, non moins utile et non moins recommandable, est l'institution des *Sourds-Muets,* située rue du Faubourg-Saint-Jacques. Placée sous la surveillance du ministre de l'Intérieur, elle est administrée par un conseil honoraire de quatre membres. Le nombre des élèves reçus gratuitement est fixé à quatre-vingts;

dix sont admis à demi-bourse, dix à trois quarts de bourse.

Pour être reçu dans l'institution, il faut n'avoir pas moins de dix ans révolus et pas plus de quinze; être bien véritablement sourd et muet, sain d'esprit et de corps, et fournir les preuves que la fortune des parents de l'enfant ne leur permet pas de le faire élever à leurs frais dans l'institution.

Pendant leur séjour dans la maison, lequel est de six ans, les élèves des deux sexes, placés dans des bâtiments séparés, sont nourris et entretenus tant en état de santé que de maladie; ils sont instruits dans la religion; ils apprennent à lire, à écrire, compter et dessiner; on leur montre même un métier. Le directeur de l'institution des *Sourds-Muets* est le respectable M. Lanneau, maire du douzième arrondissement.

ASILE DE LA PROVIDENCE.

Une fondation d'un tout autre genre est l'*Asile royal de la Providence,* situé barrière des Martyrs. Cet établissement fut créé, en 1804, par M. et Mme Micault de la Vieuville. Le 24 décembre 1817 il reçut, par ordonnance du roi, une existence légale. Il sert de retraite à soixante vieillards ou infirmes, des deux sexes, de la capitale, qui y sont logés et nourris tant en santé qu'en maladie.

Jadis douze des places étaient gratuites : deux à la nomination des fondateurs et de leurs familles, deux à celle du ministre de l'Intérieur, et huit à celle de la *Société de la Providence ;* aujourd'hui ce nombre est réduit à quatre ; les cinquante-six autres sont à pension, du prix de 600 francs. Cet établissement est dirigé gratuitement par un administrateur en chef, le baron de Tourolle.

HOSPICES ET HÔPITAUX DE PARIS.

L'administration des hôpitaux ; hospices civils, secours à domicile et des enfants trouvés de Paris, mérite surtout de fixer notre attention, non-seulement par l'immensité de ses travaux, mais encore par l'étendue des bienfaits qu'elle répand sur toutes les classes des infirmes, malades ou indigents de la capitale. Cette administration se compose d'un *conseil général*, lequel dirige tous les divers établissements qui en dépendent.

Des noms illustres ou chers à la France donnent, pour ce conseil, la plus noble garantie qu'il accomplit ses glorieux travaux avec le zèle, le dévouement et l'humanité qu'on a droit d'attendre de personnages placés si haut dans l'opinion publique. Les Dupin, les Délessert, les Liancourt, les Lepelletier d'Aulnay, les Mortemart, les Pérignon, les Portalis, les Séguier étaient bien dignes en effet d'avoir sous leur surveillance immédiate la destinée de plus de quarante mille infortunés. L'honorable mission qui leur est confiée, ils l'accomplissent avec toute la sollicitude de citoyens vertueux et chrétiens.

L'*Hôtel-Dieu*, parvis Notre-Dame, desservi par les dames religieuses de Saint-Augustin, reçoit les blessés et les malades, à l'exception des enfants, des incurables, des fous, des femmes en couches, et des individus attaqués de maladies chroniques.

L'*hôpital de la Pitié,* rue Copeau, desservi par les dames religieuses de Sainte-Marthe, reçoit les malades comme à l'Hôtel-Dieu. J'en dois dire autant de l'*hôpital de la Charité,* rue des Saints-Pères, où sont attachées les dames religieuses de Saint-Augustin, et de l'*hôpital du faubourg Saint-Antoine,* que desservent les sœurs de Sainte-Marthe. Ces bonnes sœurs soignent également les malades ou blessés de l'*hôpital Cochin,* situé rue du Faubourg-Saint-Jacques, et de l'*hôpital Beaujon,* rue du Faubourg-du-Roule. Quant à l'*hôpital Necker,* près le boulevard, dont la destination est encore la même que tous les précédents, il est desservi et surveillé par les sœurs de la Charité.

Les autres hospices dont il me reste à parler ont, au contraire, chacun leur destination particulière.

L'*hôpital des Enfants,* situé rue de Sèvres, ci-devant maison de Jésus, est spécialement consacré à la réception des enfants malades ; il est desservi par les dames religieuses de Saint-Thomas-de-Villeneuve.

L'*hôpital Saint-Louis*, rue des Récollets, que surveillent les sœurs de Saint-Augustin, est exclusivement affecté à la guérison des maladies de peau.

La *Maison d'accouchement*, située rue de la Bourbe, est destinée à recevoir des femmes enceintes et des femmes en couches. Mme Charrier y remplace dignement la célèbre madame La Chapelle.

L'*hospice des Enfants-Trouvés*, situé rue d'Enfer, desservi par les dignes filles de Saint-Vincent, est destiné à recueillir, allaiter et placer à la campagne de malheureux enfants trouvés.

Les deux *hospices de la Vieillesse*, l'un pour hommes, l'autre pour femmes, reçoivent les personnes de l'un ou de l'autre sexe qui sont indigentes, infirmes ou âgées de soixante-dix ans ; on y traite en outre la folie.

L'*hospice des Orphelins*, rue du Faubourg-Saint-Antoine; l'*hospice des Ménages*, rue de Sèvres, ci-devant aux Petites-Maisons, destiné aux époux indigents en ménage, dont l'un doit être âgé de soixante-dix ans au moins et l'autre de soixante ; l'*hospice de la Rochefoucauld*, réservé pour les anciens employés des hôpitaux et pour les indigents des deux sexes, âgés et infirmes, qui paient une pension ou bien une somme déterminée ; enfin l'*hospice des Incurables* (femmes) et celui des *Incurables* (hommes), consacrés l'un et l'autre à la réception des hommes ou des femmes dans l'indigence, attaqués d'infirmités graves ou incurables.... Tous ces hospices, dis-je, sont encore desservis par des sœurs de Charité.

Partout nous les rencontrons ! partout ces vénérables sœurs se dévouent au traitement, au secours de toutes les misères qui affligent l'humanité. L'homme de bien contemple avec une satisfaction bien douce tous ces asiles ouverts à chaque infortuné.

LES SALLES D'ASILE ET LES CRÈCHES.

Mais il est deux créations modernes admirables : celle des *Crèches*, celle des *Salles d'asile*, dont je n'ai rien dit encore, et que semblent avoir bien plus particulièrement inspirées l'œuvre de saint

Vincent de Paul et l'amour inépuisable de ce saint homme pour l'enfance et pour l'humanité ; elles complètent en quelque sorte cette œuvre ; elles en sont comme le couronnement indispensable.

Si Vincent de Paul eût vécu dans ce siècle de travail et d'industrie, il aurait, à côté de son hospice d'enfants trouvés, établi une *Crèche* où la mère indigente et laborieuse eût déposé tous les jours son enfant, au lieu de l'abandonner, où elle eût rempli avec amour ses devoirs maternels, au lieu de les fouler aux pieds. Il eût ainsi remonté à la source du mal qu'il voulait réparer.

Ces Crèches intéressantes, dont M. Marbeau a fait dernièrement l'essai en grand à Chaillot, reçoivent les enfants pauvres du premier âge ; et déjà plusieurs arrondissements de Paris sont aujourd'hui pourvus de ces établissements précieux.

C'est une honorable dame, animée de tout l'esprit de saint Vincent de Paul, une autre Mme Legras, la marquise de Pastoret, qui conçut en 1801 la première idée de ces Crèches ; et voici les considérations puissantes qui l'avaient amenée à cette création admirable.

La mère de famille que son travail journalier appelait de bon matin hors de son domicile, était obligée d'enfermer ses enfants seuls dans une chambre, exposés à périr de froid ou à mettre le feu à la maison; sinon il fallait qu'elle les abandonnât à des soins mercenaires que le plus souvent elle se trouvait hors d'état de rétribuer, ou de les confier enfin aux mains d'une voisine, qui, occupée elle-même, laissait pour la plupart du temps ces enfants errer dans les rues, au risque d'être écrasés ou de devenir les innocentes victimes de ces mendiants de profession qui s'en servaient au besoin comme d'appât, pour exciter la commisération publique.

Plusieurs fois, dans les visites que sa charité la portait à faire à la mansarde du pauvre, la marquise de Pastoret avait été témoin des dangers que couraient ces petits enfants ainsi délaissés.

L'un avait été trouvé par elle tombé au bas du lit de sa mère et baigné dans son sang; un autre errait au milieu des rues, placé sur le dos de sa jeune sœur à laquelle il était attaché, et qui, bien qu'ayant tout au plus la force de le porter, en était cependant la seule gardienne pendant toute la journée.

Il n'en fallut pas davantage pour provoquer de sa part un lieu de refuge, d'asile, pour recueillir, défendre et protéger ces pauvres petits enfants que leur mère n'avait pas le moyen de mettre en garde; et deux chambres bien chauffées, rue de Miroménil, furent ouvertes par les soins de cette dame charitable pour y recueillir non-seulement les enfants à la mamelle, mais pour y faire venir leurs mères une et deux fois dans la journée, afin de leur donner le sein et de venir les reprendre le soir. Ce petit établissement, en quelque sorte improvisé, était pourvu de douze berceaux, de linge, de lait et de sucre.

Voilà la première origine des *Crèches;* mais c'était peu encore.

Emule des plus illustres élèves de saint Vincent de Paul, Mme de Pastoret (1) avait compris qu'il manquait deux anneaux à la grande chaîne de l'é-

(1) Cette dame vénérable a été ravie à la terre il y a trois ans, en septembre 1843.

ducation de l'enfance, pour qu'elle pût embrasser l'homme depuis le jour de sa naissance jusqu'au moment pour lui d'être en état de se rendre utile à son pays.

Ces deux anneaux étaient les deux premières périodes de la vie de l'enfant : l'une depuis sa naissance jusqu'à l'âge de deux ou trois ans : et elle avait fondé la première *Crèche* de la rue de Miromenil ; l'autre de trois à six ans, et elle créait en 1826 la première *Salle d'asile* dans une maison dépendante de l'hospice des Ménages, tandis que de son côté, sans avoir la moindre connaissance de semblables essais, un homme de bien, dont le nom restera à jamais cher à l'enfance, comme à l'humanité, organisait une autre Salle d'asile, rue des Gobelins ; et c'est un an plus tard que ce vertueux citoyen, M. Cochin, fonda enfin ce grand établissement qui, aujourd'hui encore, est considéré comme un asile modèle, et porte le nom de son fondateur.

L'institution des Salles d'asile en France date donc de 1826 ; jusqu'en 1840 ses progrès furent très-lents. A cette dernière époque, malgré tout le zèle des dames charitables qui s'y étaient consacrées, il n'en existait dans tout le royaume que cinq cents. Enfin, grâce aux subventions généreuses du gouvernement, aux secours des communes, des départements, des souscriptions particulières, le nombre des Salles d'asile s'est élevé dans les trois années 1841, 1842, 1843, de cinq cents à mille quatre cent quarante-neuf, dans lesquels quatre-vingt-seize mille enfants étaient reçus. Depuis sa rentrée au ministère, M. de Salvandy apporte une sollicitude toute particulière à l'accroissement de ces fondations charitables.

Espérons le jour où elles s'ouvriront à un million d'enfants, où la France se trouvera dotée de quinze mille *Salles d'asile*. Ce serait là pour conclusion dernière une belle glorification de l'œuvre sublime de charité que nous a léguée depuis deux siècles l'illustre saint Vincent de Paul.

FIN.

TABLE.

CHAPITRE PREMIER.

VINCENT DE PAUL.

CHAPITRE II.

CHAPITRE III.

CHAPITRE IV.

CHAPITRE V.

Tours, imp. Mame.

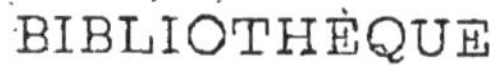

BIBLIOTHÈQUE

DES ÉCOLES CHRÉTIENNES

53 VOLUMES DANS LA COLLECTION

Anecdotes chrétiennes.
Aventures de Carver chez les Sauvages.
Aventures de mer.
Aventures de Télémaque.
Beautés du Spectacle de la Nature.
Choix de beaux Exemples.
Clergé de France (le).
Clovis et son époque.
Confessions de S. Augustin, à l'usage de la jeunesse.
Description de l'Amérique méridionale.
École des Mœurs, 2 vol.
Évangile de la Jeunesse.
Histoire de Simon-Pierre, prince des apôtres.
Histoire de la Suisse, depuis les premiers temps jusqu'à nos jours.
Histoire de Du Guesclin.
Histoire de l'Inde ancienne et moderne.
Histoire de Pologne.
Histoire de Saint-Domingue.
Histoire de Saint Louis.
Histoire de Thomas Becket, archev. de Cantorbéry.
Histoire du Grand Condé.
Histoires édifiantes et curieuses.
Jérusalem et la Judée.
Les Hommes célèbres de la France.
Les Marins célèbres de la France.
Les Jeunes Martyres de la foi.
Les Cent Merveilles de la Nature.
Les Cent Merveilles des Sciences et des Arts.
L'Œuvre de Saint Vincent de Paul.
Louise, ou la 1re Comm.
Mendez Pinto.
Mœurs des Israélites et des Chrétiens.
Naufrages célèbre[illegible]
Pierre Lainné, m[illegible] de la vie sacerdotale.
Robertson de la Jeunesse.
Tableau de la Grèce ancienne et moderne.
Traité de l'Existence et des Attributs de Dieu.
Vie de N. S. Jésus-Christ.
Vie de S. François de Sales.
Vie de S. François Xavier.
Vies de S. Louis de Gonzague et de S. Stanislas Kostka.
Vie de S. Vincent de Paul.
Vie de Sainte Clotilde.
Vie de Sainte Thérèse.
Vie du Cardinal Ximenès.
Vies choisies des Pères des déserts d'Orient.
Virginie, ou la Vierge Chrétienne, 2 vol.
Voyage au mont Sinaï.
Voyage en Sicile et à Malte.
Voyages de Christ. Colomb.
Voyages et Avent. de Cook.

www.ingramcontent.com/pod-product-compliance
Ingram Content Group UK Ltd.
Pitfield, Milton Keynes, MK11 3LW, UK
UKHW020315230726
13925UKWH00002B/433

9 782014 108231